ボロ株投資で年率40%も夢じゃない!!

浅井隆＋川上明（チャート分析・カギ足研究家）
関和馬（戦略経済研究所 主任研究員）

第二海援隊

プロローグ

個人投資家にできないことは「プロのゲームでプロに勝つこと」。
自分のゲームで自分にコントロールできることで勝てば良いのだ。

（グレアム）

前代未聞の株ブーム

熱狂だ。前代未聞の株ブーム（熱狂）が世界中を席巻している。

今回のコロナ禍は、生活様式だけでなく資産運用の世界にも大きな変化をもたらした。その大きな変化の一つが、個人投資家の株式市場への参入である。「株で資産形成しよう」という人が劇的に増えたのだ。これは、世界的な現象でありまた、かつてない規模のムーブメントとなっている。

経済に無頓着な人でも、昨今の株価が実体経済そっちのけで上昇しているということはおわかりだろう。では、なぜ株への投資が活発化しているのか？それは、コロナ禍が「もはや、株しかない」という環境を作り出したからにほかならない。

一般的な投資ポートフォリオの考え方としては、積極的に値上がりを期待する株を六割、保守的な債券を四割とするというのがコンセンサスとなっている。

絶妙なバランスというわけだ。ところが、今回のコロナ禍をきっかけに「もはや、債券に投資しても儲からない」という世界が誕生したのである。

具体的には、以前から趨勢《すうせい》的に低下傾向をたどってきた債券の利回りが、コロナショックを機にさらに低下した。「債券の利回りが低下した」というのは、「債券の価格が上がった」ということを意味する。そして、コロナ禍は債券の価格を目一杯押し上げた。これは、主要国の金融緩和によるところが大きい。金融緩和は、一般的に債券の価格を押し上げる方に作用する。

債券の価格が目一杯まで上昇したことにより、一見するとかなりの高値にあるように思える株価に割安感が生じた。たとえば、コロナショック後に幾度も史上最高値を更新しているアメリカの代表的な株価指数の「絶対値」だけを見るともはやバブルとしか思えない水準にきているが、債券と比較すると株価が割安に映るという不思議な現象が起きている。まさに、「株しかない」というわけだ。

そしてもう一つ、個人投資家にとって「株しかない」理由がある。それは、将来への不安だ。先進国を中心に昨今の若い世代は、「自分は親の世代よりも豊かになることはない」と悲観的に見ている。お隣の韓国でも強烈な「株ブーム」が巻き起こっているが、韓国大手の京郷新聞が二〇二〇年一〇月に掲載した二〇～三〇代の株式投資家に焦点を当てた大型特集によると、韓国の投資家たちは経済状況こそそれぞれ異なるものの、共通点としてコロナ禍で増幅した将来不安を訴えている。だからこそ、「株で資産形成」というわけだ。

こうした事情は、多くの先進国に共通する。現在の株価はすでに高値圏にあると考えられるが、前述した事情により今回の株ブームは相当に長期化する可能性が高い。「勝ち馬に乗れ」という単純な格言もある。ブームに乗って資産形成するのも、大いにアリであろう。

すでに書店では昨今の株ブームに乗じた書籍がたくさん出ており、動画視聴サイト「YouTube」でも株やFX、仮想通貨などの投資チャンネルが無数に出てきている。情報過多とも言えるが、本書ではニッチな分野とされる「ボロ株」の魅力を伝えたい。

アメリカでは「ペニー・ストック」や「セント・ストック」と呼ばれる「ボロ株」は、株価で言うとおおよそ一〇〇円未満の銘柄を指す。何らかの理由で売り叩かれ、投資家から相手にされなくなった〝わけアリ〟の銘柄が多い。「下手をすると、上場が取り消しになってしまうかもしれない」――そんな銘柄を証券会社の営業マンがお薦めすることもないだろう。

しかし、「人の行く裏に道あり花の山」という相場の格言でもわかるように、なかば見捨てられた銘柄にも大きなチャンスが眠っている。まれに大化けすることもあるのだ。第一章に二〇一八〜二〇二〇年の実績を記しているので、確認していただきたい。

しかも、株価が安いということは少額からでも投資できるということであり、投資の初心者にもうってつけである。もちろん、投資した会社が破綻してしまうというリスクもゼロではない。しかし、昨今は良くも悪くも低金利（安価な借金）によってゾンビ企業ですら生き残ってしまう世の中だ。リスクを理解し（破綻の可能性を割り切って）、厳選した「ボロ株」を持てば、年率四〇％のリターンも決して夢ではないだろう。

二〇二一年二月吉日

浅井　隆

ボロ株投資で年率40％も夢じゃない‼——目次

プロローグ

第一章　こんなに化けた‼「ボロ株」の魅力

——二〇一八年からの実績

第二章　給付金一〇万円で一億円も夢じゃない
——負けないためには勝つだけだ

第三章 残念な投資家にならないために
――投資家のための必勝法

第四章　勝率九八％の驚くべき「ＫＡＩシステム」
——投資は〈確率〉で考える

第五章　二〇二〇年代の大どんでん返し
——度肝を抜く二つのびっくり予想

エピローグ

※注　本書では一米ドル＝一〇〇円で計算しました。

第一章　こんなに化けた‼「ボロ株」の魅力

――二〇一八年からの実績

ウォール街や証券会社のセールスマンに「今の推奨銘柄は何でしょうか?」と聞くことは、床屋に行って今日は散髪したほうがいいかなと聞くようなものだ。

（ウォーレン・バフェット）

人の行く裏に道あり「ボロ株」の山

これから、世にも不思議な「ボロ株投資」の魅力を解説しよう。「ボロ株」とは、読んで字のごとく「ボロボロの株式」のことである。見た目には何の煌《きら》びやかな点もなく、会社も風が吹けば飛んで行きそうな経営状態、それが「ボロ株」だ。

そんな「ボロ株」に投資することにどんな魅力があるのか。おそらく、誰もが抱く疑問であろう。その疑問を、まずは本章を使って解き明かして行こう。

株式投資を行なう時、最も重要な点の一つに「銘柄選び」が挙げられる。この銘柄選び、通常の株式投資の入門書で確認すると教科書的なポイントとして将来性や財務分析での銘柄選択の方法などが解説されていたりする。将来性で選ぶとすると、輝かしい未来が広がっていそうな銘柄にまず目を付ける。今であれば「５Ｇ」（第5世代移動通信システム）や「ＥＶ」（電気自動車）、「ＡＩ」

（人工知能）などの関連銘柄が特に注目され、人気である。財務分析であれば黒字であるのはもちろんのこと、経営効率の良い銘柄をピックアップするため、高「ＲＯＥ」（自己資本利益率）を確認する方法が解説されていたりする。または「ＰＥＲ」（株価収益率）や「ＰＢＲ」（株価純資産倍率）などで財務面から見てその銘柄が割安なのか、割高なのかを判断する方法も解説されているだろう。そういった方法でなるべく優良銘柄を見つけ出し、それに投資を行なうのが「株式投資の王道」とされている。

そこからさらに踏み込んで、気の利いた入門書には実際に銘柄選びをする際、「株式投資は美人投票」という言葉が書かれていたりする。この〝美人投票〟のフレーズを使ったのは英経済学者の巨人、ケインズである。自分が最も優れていると考える銘柄に投資するのではなく、皆の中で最も人気のある銘柄に投資をするべきという考え方である。自分がいくら素晴らしいと考えていても、ほかの人が買わなければ株価は上昇しないわけで、株式投資はまさにコンテストで皆が選ぶ人気者が優勝する〝美人投票〟というわけだ。

さて、ここまで株式投資の銘柄選びの正攻法を解説してきたが、「それとまったくの逆を行なう」のが今回の「ボロ株投資」である。

「ボロ株」という言葉は、私が勝手に創作したものではない。誰が言い出したのかは不明だが、「超低位株」を意味し「株価が二桁以下つまり一〇〇円未満のもの」をそのように呼ぶことが多い。この「ボロ株」や「超低位株」という呼称は、明確な定義が決まっているわけではないため、人によって株価などの解釈が異なる。本書では、「株価が一〇〇円未満のもの」を「ボロ株」、または「超低位株」と呼ぶことにする。

ちなみにその上は「低位株」で、これは「株価が数百円までのもの」だ。この低位株も「ボロ株」よりはずいぶんマシではあるが、普通は人目を引くような銘柄ではない。次は「中位株」で、「株価が数百円～数千円のもの」。最後に、「株価が数千円以上」の「値嵩株《ねがさかぶ》」と分けられる。一般的に優良で人気の株は、値嵩株または一部の中位株に位置する。先ほどの〝美人投票〟にエントリーできるのは、この辺りの銘柄のことだ。

それに対して、「ボロ株」はというと、はっきり言ってしまえば〝不細工な株〟である。しかも外面（株価や将来性）だけでなく、内面（財務面）にも難を抱えていることが多いからタチが悪い。もちろん、そんな銘柄だから美人投票に参加できるわけもなく、それら「ボロ株」専用の不美人投票を作ってもよいくらいだ。「ボロ株」の中には、株価が二桁どころか一桁の不美人投票の優勝候補にもなり得る銘柄まで存在する。株価が一桁にまでなるということは、今にも破綻しそうな会社の銘柄である。

そのような「ボロ株」は、常に一定数存在する。直近（二〇二〇年一一月末）であれば、ＪＰＸ日本取引所グループ（東証一部、東証二部、マザーズ、ジャスダック）の全銘柄の中で、株価一桁は二銘柄、株価二桁は四七銘柄存在している。「トヨタ」や「ソフトバンク」「キーエンス」「ソニー」「ＮＴＴドコモ」といった日本を代表するピカピカ輝く銘柄が注目される中で、その裏には箸にも棒にもかからないような銘柄が跋扈《ばっこ》しているのである。

その誰もが敬遠しそうな銘柄に、今回あえてスポットを当てる。でも、一つ

本書での株の呼び方の定義

ボロ株 または＝ **超低位株**	株価が 100円未満
低位株	100円～ 数百円
中位株	数百円～ 数千円
値嵩《ねがさ》株	数千円以上

気にならないだろうか――「そんな会社、潰れたらどうするの?」。

そう簡単に倒産しない時代がやってきた

企業経営は「一寸先は闇」である。舵取りを間違えれば、いとも簡単に破綻してしまう。毎年利益を出していて順調そうに見える会社でも、キャッシュフローに行き詰まると途端に立ち行かなくなり突然死、つまり「黒字倒産」ということも起こり得る。自分に非がなくても取引先が破綻することで、連られて破綻することもある。「連鎖倒産」である。もちろん、ずっと赤字体質で債務超過になり、そのまま破綻するケースもある。

東京商工リサーチは、このような企業の倒産件数をカウントしている。その倒産件数について、直近約二〇年間(二〇〇一年以降)のデータを見ると、実は面白いことがわかる。それは、倒産件数が年を重ねるごとに減少しているということだ。負債総額一〇〇〇万円以上の倒産で見ると、二〇〇一年には一万九一六四件あったのが上下しながらも年々減少し、二〇一四年には一万件を割り込んでいる。件数で確認すると、二〇一四年は九七三一件だ。その後、再び一万件を超えることはなくさらに件数を下げ、二〇一九年では八三八三件になっている。二〇二〇年は一一月末までの数字で七二一五件だから、二〇一九年よりも倒産件数が少なくなるのは確実だ。

ここで、意外に思われた人も多いだろう。二〇二〇年は世界中がコロナ禍に包まれた一年であった。せっかく盛り上げてきた東京オリンピック開催は延期され、関連するすべての産業がダメージを受けた。年々増加し育ってきたインバウンド需要も二〇二〇年の春以降はすべて消え去り、航空会社や旅行会社、ホテルや旅館など「観光業界」は壊滅的なダメージを受けた。そして、「飲食関係」も青息吐息である。密にならない体制づくりで客数を減らさざるを得ない中で深夜の営業を規制され、これでどう収益を上げればよいのかという状態である。テレワークが浸透したことで、「アパレル関係」も深刻なダメージを受けている。出勤せずにすむようになれば、スーツは売れるはずもない。

このような状態の中、新型コロナ関連の破綻が特に先に紹介した三つの業界で目立っている。それにも関わらず、二〇二〇年は過去二〇年の中で最も倒産件数が少なくなっているのである。二〇二〇年は、新型コロナの影響で近年まれにみる倒産ラッシュを迎えているかと思えば、実はまったくそうではないのだ。いかに直感に頼るのではなく、データ分析が必要かというよい例であろう。

ちなみに、二〇二〇年の倒産件数が低く抑えられているのは、国の政策で「Ｇｏ Ｔｏキャンペーン」を行なったり、補助金・助成金を出したりしているためだ。あらゆる方面に、じゃぶじゃぶ資金を供給し続けたのである。このような資金供給は、二〇二〇年の新型コロナ禍を機に始まったのではなくその前から始まっており、安倍政権が本格稼働を始めた二〇一三年以降その傾向が強くなっている。

そして二〇二〇年は、新型コロナの影響でその資金供給を史上空前の規模にまで拡大したため、倒産件数をこれまで以上に低く抑えることに成功しているのである。特に、直近の二〇二〇年一一月は一ヵ月の倒産件数が五六九件で、

2001年以降（20年間）倒産件数の推移

	倒産件数	上場企業の倒産件数
2001年	19164	14
2002年	19087	29
2003年	16255	19
2004年	13679	11
2005年	12998	8
2006年	13245	2
2007年	14091	6
2008年	15646	33
2009年	15480	20
2010年	13321	10
2011年	12734	4
2012年	12124	6
2013年	10855	3
2014年	9731	0
2015年	8812	3
2016年	8446	0
2017年	8405	2
2018年	8235	1
2019年	8383	1
2020年(11月末)	7215	2

東京商工リサーチのデータを基に作成

これは過去五〇年の中で二番目の低水準であるというから驚きである。なお、一番少なかったのはバブル絶頂期の一九八九年に記録した一ヵ月五一四件というから、いかに最近の倒産件数が少ないかがわかる。

倒産件数が年々少なくなる傾向は、上場企業の方がより強く見られる。二〇〇八～〇九年はリーマン・ショックに端を発した世界規模での金融不安の影響から上場企業の倒産件数が急増し、二〇〇八年は上場企業の破綻数は戦後最多の三三を記録している。ただし、それ以降は減少に転じており、二〇一一年以降はすべて一桁台で二〇一四年と二〇一六年はなんとゼロ件を記録している。この上場企業の倒産件数ゼロ件は、バブル時代の余韻が残る一九九〇年以来のことだ。一一月末時点の上場企業の数が三七三二件なので、ここ数年において年間の倒産件数は〇・一％にも満たない数字になっているのである。

日本全国に会社の数は約三七〇万社ある。そのうち、八〇〇〇社以上の倒産件数があるわけだから、率としては〇・二％を上回っている。対して上場企業の倒産は、〇・一％に満たない。つまり、上場企業は通常の企業に比べて二倍以上倒産しにくいわけである。

この差が生まれる一つの要因は、「腐っても上場企業」だということだ。今回、吹けば消し飛ぶような「ボロ株」という表現をしているが、それでも上場しているのである。日本全国に三七〇万社ある会社のうち、その約〇・一％である三七三二社の上場企業はそれだけでエリート企業と表現してもよいのだ。もちろん、非上場企業の中にも「サントリー」や「竹中工務店」「ＪＴＢ」といった誰もが名前を知る超エリート企業も存在するが、やはり大きく見ると非上場企業よりも上場企業の方が信頼度は格段に高い。だから、日銀が「ＥＴＦ買い」ということでＴＯＰＩＸ銘柄などを中心に資金を供給しているのである。この日銀からの資金によって株価が下支えされて、倒産を免れるケースも出ているだろう。つまり、現状では上場企業は極めて倒産しにくい状態なのである。

この「日銀のＥＴＦ買い」の是非については、ここでは議論しない。ただし、一種の異常事態であることは確かで、もちろんこのまま未来永劫続くわけではないはずだ。しかし、少なくともここ一、二年は続くのではないか。今のコロナ騒動が続く間は、非常事態として日銀が日本株の下支えを続けると考えるのが妥当だろう。つまり、そう簡単には上場企業は倒産しない時代がやってきており、それがしばらく続きそうなのである。

二〇一八年からの「ボロ株投資」の実績

第三海援隊グループでは、投資助言を行なうクラブや会をいくつか運営している。その中に「日米成長株投資クラブ」というものがあり、二〇一八年に設立後、特殊な分析を行なう専門家からの情報を基に株の助言を行なってきた。その専門家のテーマが、これまでは主に日本の「ボロ株」や低位株が中心であった。そして手前味噌になってしまうが、実はその情報の精度はかなり高い。

主に年四回のセミナーなどで二～三銘柄ほどを取り上げたが、二〇一八年四月一八日のセミナー以降、二〇二〇年七月一〇日のセミナーまでに主に取り上げた銘柄は二〇銘柄にのぼる（同じ銘柄を別の日に取り上げた場合には別々にカウントしている)。その中で約三〇〇円以下の低位株や「ボロ株」に絞ると、一五銘柄になる。そのうち、二〇二〇年一一月末までのどこかで二倍に到達した銘柄をカウントすると、なんと九銘柄と半分以上の六割に達しているのだ。情報が出てすぐに一五銘柄全部を均等に買った上で、二倍になったら売るとあらかじめ指値注文しておくだけで、かなりの利益が出る計算になるのである。

そして五〇％の収益、つまり一・五倍までに到達したものにまでハードルを下げると、その数は一二銘柄までに増える。一五銘柄中一二銘柄だから、率にして驚異の八割である。これほど高い率であれば、先ほどのように一五銘柄全部を均等に買ってその後一・五倍になったら売るとあらかじめ指値注文しておくだけで、やはりかなりの利益が出る計算になるのである。

もっとも、実際に投資を行なうかどうか、また買った株式をどのタイミングで売却するかは会員の方の判断であるため、このようにきちんと収益を出すことができるかどうかはその人次第である。また、この期間の株式相場の地合いは決して悪くなかったため、どの銘柄を買ったとしても二〇二〇年一一月末まで保有していれば大抵は値上がりしている。ただ、二〇一八年一月の日経平均株価は二万三〇〇〇円であり、二〇二〇年春のコロナショックを例外として、ほとんどの期間を二万一〇〇〇円以上で推移していた。日経平均株価が二倍どころか一・五倍にもなっていない中、多くの個別銘柄が一・五倍、二倍になったわけだから、大成功と言っても差し支えないだろう。

なお、情報発信時の日付と銘柄、そして株価、そこから二〇二〇年一一月末までにあった高値・安値がいくら付けたのかを三〇〜三一ページの表にまとめておくので、ぜひ検証してみてほしい。

「ボロ株投資」の魅力とポイント

実際に二〇一八年から行なった「ボロ株」、低位株の情報発信の結果を参考にしながら、「ボロ株投資」の魅力とポイントをお伝えして行こう。

まずは、「ボロ株投資」の魅力である。なぜ、日経平均株価を大きく上回る一・五倍や二倍という倍率を出すことができたのかということである。「ボロ株」は、不美人（比喩としてのわかりやすい表現なのでご容赦いただきたい。不細工でもいい）だから誰もが買わずに見放されている状態だ。つまり、元々人気がないわけで、これ以上人気の落ちようはないとも言える。つまり、株価が下げにくい状態なのである。そして、何かの拍子で少しでも注目されれば、大多数の株式を保有していない投資家がその株を今度はこぞって買いに走るのである。しかも、何かの拍子が起きやすいことも想像しやすい。

たとえば、業界にもよるだろうが優良な企業が業績を大きく改善することは困難だ。優良な企業はたゆまぬ企業努力を常に行ない、そもそも健全な経営を行なっているだろうから、そこから改善できることが限られる。一方の「ボロ株」は、欠点だらけだから改善がしやすい。それによって赤字が黒字に変化しようものなら、株価の大幅な上昇も期待できる。

これが、「ボロ株投資」を行なう上で大前提となる魅力である。さんざん見放されているから株価は落ちにくく、ひとたび人気に火がつけば一気に株価が吹

ボロ株・低位株一覧

発信後最高値	倍率	最高値日付	発信後最安値	最安値日付	11月末終値
435	2.88	2020/9/18	86	2018/12/20	316
362	1.17	2018/6/18	121	2020/3/17	237
229	1.49	2020/6/10	50	2020/3/13	126
179	2.18	2020/5/26	33	2020/3/13	64
368	2.01	2020/7/28	153	2020/3/13	224
547	2.30	2020/6/11	196	2019/8/29	406
484	2.26	2020/6/11	144	2020/3/13	209
179	2.89	2020/5/26	33	2020/3/13	64
207	1.53	2020/4/16	131	2020/3/19	175
114	1.73	2020/7/1	62	2020/4/2	80
261	2.87	2020/7/6	80	2020/3/23	139
302	1.95	2020/10/21	145	2020/4/22	237
245	1.46	2020/9/10	147	2020/5/7	203
176	2.41	2020/11/30	69	2020/7/31	163
435	2.88	2020/9/18	86	2018/12/20	316

※現状で、一覧表に出てくる銘柄を推奨しているわけではございません。ご注意下さい。

日米成長株投資クラブで投資推奨した

銘柄名	証券コード	情報発信日	発信日の終値
ウインテスト	6721	2018/4/18	151
地盤ネット	6072	2018/4/18	310
オンコセラピー・サイエンス	4564	2018/7/27	154
メディネット	2370	2018/10/17	82
日本エンタープライズ	4829	2019/1/18	183
リプロセル	4978	2019/4/16	238
カイオム	4583	2019/10/3	214
メディネット（2回目）	2370	2019/10/3	62
新日本理化	4406	2020/3/18	135
不二サッシ	5940	2020/3/18	66
ピクセル	2743	2020/3/18	91
地盤ネット（2回目）	6072	2020/4/16	155
日本通信	9424	2020/4/16	168
ストリーム	3071	2020/7/10	73
ウインテスト（2回目）	6721	2020/7/10	151

き上がる可能性を持つのである。この魅力を前提にした上で、実際の「ボロ株投資」を行なう上で気を付けるべきポイントなどをいくつか紹介しよう。

①最近、高値を付けていない銘柄には手を出さない

「ボロ株」には二つの状態が存在する。それは火山にたとえると、「休火山」と「死火山」である。地学的には今日「休火山」「死火山」という用語は用いられていないが、ここでは説明の便宜上用いることをご容赦いただきたい。実際の火山であればもう一つ「活火山」があるが、それは勢いのある人気の銘柄なので、「ボロ株」には当てはまらない。

休火山は、過去に株価が何度も高値を付けたことがある銘柄で、ここ数年で見てもその時期が存在している「ボロ株」である。それに対して死火山は、かなり昔に高値を付けたことはあるものの、それがここ数年ではまったく見られない「ボロ株」のことである。前者であれば、周期的なものでまた吹き上がる可能性があるが、後者の場合はそれは期待できない。だから銘柄選択の際には、

休火山のような今は休んでいるだけでいつかまた吹き上がる可能性を持つ「ボロ株」を選択する方がよいだろう。

ちなみに、日本一の山である富士山の噴火は今でも警戒されているが、前回富士山が噴火したのは今から三〇〇年以上前の一七〇七年「宝永大噴火」である。富士山が長期間噴火しないのはありがたいが、「ボロ株」の場合には富士山のように長期で動きがないのは困る。だから、直近二、三年の間に高値を付けているかどうかが一つの目安になるだろう。

②一度上昇したらそこで売る

「ボロ株」は、何らかの理由で人気に火がついた時に株価が吹き上がることを期待する。そして見事吹き上がった際には、基本的にはそのタイミングで売却を行なうことをお薦めする。

これはどういうことか。たとえは良くないかもしれないが、不美人が化粧をすることで一時的に美人になったとしても、化粧が剥《は》がれ落ちればまた不美人に戻るということだ。元々、ボロボロな会社の株なのだから、多少人気に火がついたところでその人気を維持することは困難である。だったら、さっさと高いうちに売ってしまった方がよい。投資する際に一・五倍とか二倍と目標株価を決めて、そこに到達したら売ってしまうのである。

例外として、赤字が黒字になりその黒字が常態化するなど、その銘柄が根本的な部分で人気銘柄に変化したことがわかればそのまま保有することも考えられるが、通常は吹き上がった際に売ってしまった方が無難である。

③損切りは決めずに忍耐強く持つ

「ボロ株」は、これまでさんざん見放されていた銘柄である。だから、自分が投資したからといってすぐに人気に火がついて吹き上がるわけではない。吹き上がるまでに半年や一年、それ以上の日数がかかるかもしれないし、場合によっては吹き上がらないかもしれない。休火山と思って投資しても、前回に吹き上がった時が最後であとは死火山になっていた、ということも起こり得るのである。

そのような「ボロ株」に対する投資スタンスは、原則「上がるまで忍耐強く待つ」のが正解である。保有している間に、株価が下落し半値になるかもしれない。それでも待つ。いくら倒産しにくくなったといっても、「ボロ株」だから場合によっては破綻して株価がゼロ円になる可能性もある。それも覚悟の上で「がっちり保有」である。元々「ボロ株」なので、なくなってもくよくよしてはいけない。もちろん、一銘柄に集中投資は初めからしてはいけない。複数の銘柄に取引できるようにしておき、一つ二つが破綻しても全体でカバーすることができるようにしておくことが鉄則だ。

④勝てば官軍、変な正義感を持つな

「ボロ株投資」は、あくまで投資の王道ではない。誰もが歩くのを敬遠する汚い裏道を、あえて歩くのである。そこで正義を振りかざしても仕方がない。「ボロ株」は小さい金額で相場を動かすことができるため、仕手筋が狙う可能性もある。自分が保有した「ボロ株」が、仕手筋によって法律すれすれ、場合によっては法律上問題がある方法で吹き上げさせられるかもしれない。そんな時は素直に値上がりを喜び、売却してきちんと収益を出すべきだ。変な正義感を持って、「そんな儲け方はしたくない。今回は売らない」と判断してはいけない。

投資の世界は、「勝てば官軍」なのである。自らが仕手筋のようになり法律違反を行なうことは厳禁だが、そうでなければどんな状況でも収益を追求すべきである。実は、これは「ボロ株」だからというよりもほかの銘柄に投資する際にも当てはまることだろう。

もし、義侠心がうずくのであれば、世のため人のためになりそうな新しい技術、ベンチャー投資に返ってこないつもりでお金を入れよう。そもそも、正義の味方のように格好をつけながらお金も手に入れようということが厚かましいのである。そんな方法があるのなら誰もがやるだろう。お金儲けを行なう時は、シビアでなければいけない。

⑤状況が変化すれば「ボロ株投資」の戦略自体を見直す

現況は「ボロ株投資」に取り組みやすい相場環境である。上場株を中心に日銀が資金供給して下支えしているわけだから、株価は下げにくく、特に破綻が起こりにくい。「ボロ株」の一番のリスクとも言える「破綻確率」がかなり下げられているのである。だから「ボロ株投資」をお薦めしているわけだが、一方でこの環境が将来も続く保証はない。それどころか今が異常な状態なのだから、いずれこの「ボロ株投資」にとって魅力的な相場環境が崩れる時はくるだろう。

その時は、今回の「ボロ株投資」の戦略自体を見直す必要がある。改良を加えることで継続できればよいが、そうでなければきっぱり戦略を諦めることも必要だ。

⑥少額から投資可能

「ボロ株」は少額から投資ができる。株価が二桁の場合には、一〇〇株単位で最低額が一万円に届かないということだ。数百円までの低位株の場合でも、数万円から投資が可能である。もちろん複数の銘柄に分ける必要はあるが、仮に一〇銘柄手がけるにしても、元手は二〇〜三〇万円あれば十分なのである。お小遣いが少しあれば誰でも取り組むことができるのが、この「ボロ株投資」の魅力でもある。

合理的な株価など存在しない

株価予想をする専門家は多く、銘柄ごとに理論株価なるものが付いていたりする。あえて言わせてもらえば、そんなものは幻想で理論株価はどこにも存在しない。合理的な株価など、存在しないのである。株価の上下はシンプルで、買う勢いが強ければ上がるし、その逆で売る勢いが強ければ下がるのだ。

特に、昨今のような世界中でほぼ金利がない状態であれば、極論を言えば配当を出す銘柄以外は全部一緒くたに考えてもよいのだ。金利がゼロということは、借金をしていてもそのコストがほとんどかからない。赤字を出していようが関係ない。その赤字分を、ほとんどコストがかからない借金で賄えばよいのだ。日本国と同様に、どんどん借金を積み重ねればよいのである。

ただ、さすがにそういった企業は配当を出すことはできないので、きちんと配当を出す企業とは分ける必要がある。そして、もしほとんどコストなしで莫大な借金ができるのであれば、調達した資金で黒字企業や成長企業を買収することも考えられるのである。そうすると、赤字企業であろうが黒字企業であろうが、成長企業であろうが、すべて一緒くたに考えることもできるのだ。

もちろん、これはかなりの極論、いや暴論である。しかし、その暴論のすべてを否定することはできないだろう。株式は、このように不合理な点を含んでいるということをあらかじめ重々承知しておく必要がある。だから、合理的な株価は存在せず、理想だけを追いかけてもうまく行かないのは当然なのである。

そして、このように株価がいかに不合理なものであるかを証明するような事象が最近も起きている。ここで、そのような面白い事象を二つ紹介しておこう。

一・名前で上がる株

二〇二〇年の新型コロナの影響で多くの企業でテレワークが取り入れられた。それに伴い、米国企業「ZOOM」（Zoom Video Communications, Inc）が提供するWEB会議サービスが簡単で便利と一躍話題になった。そのためナスダックに上場する「ZOOM」の株価は、二〇一九年末から二〇二〇年ピークの一〇月一九日までで八倍強までに急騰している。

そして、その影に隠れてある日本の会社の株が謎の急騰を遂げている。二〇二〇年六月一日終値で一二四八円だった株価は、その四日後の六月五日の高値で二三〇〇円を付けたのである。特に材料はなかったにも関わらず、わずか数日で一・八倍に、六月四日にはストップ高を付けているのである。その会社の名前は、「ズーム」（六六九四：株式会社ズーム）。急騰の理由は米「ZOOM」と名前が同じであるため、どうも間違えて買われたらしいのだ。ちなみに日本の「ズーム」は電気機器メーカーで、音楽用電子機器を開発・販売している。

二、破綻した企業の株が急騰

もう一つ、こちらは米国株の話だ。米レンタカーサービスの大手の「Ｈｅｒｔｚ」（ハーツ・グローバル・ホールディングス）は二〇二〇年五月二二日に連邦破産法第一一条（チャプター11）の適用を申請した。日本でいうところの民事再生法で、五月二二日の終値二・八四ドルだった株価は次の営業日である五月二六日の終値で〇・六七ドルと二割ほどにまで急落した。

ここまでは破産を迎える株の通常の流れで、このまま株価はゼロに向かって行くかと思われた矢先、不思議なことが起きた。株価はゼロに向かわずに下げ止まり、少し回復したのち六月八日の終値で五・七三ドルと急騰し、破産を申請する直前よりも高値になったのである。

当時、アメリカでは小口で株式投資が可能なサービスが流行っていたことで、あまり投資に慣れていないアメリカの個人投資家が名前の通った会社「Ｈｅｒｔｚ」の株が安く購入できると殺到したことが原因だったようだ。結局、株価はゼロにならず一・七八ドルで上場廃止を迎えたのだが、破綻を申請した企業の株価が持ち直すどころかそれまでよりもさらに高値になるという珍現象が生じたのである。

この二つの事例を見ても、株式の世界がいかにいい加減なものかがわかるだろう。「ボロ株投資」というと、特に初めての人にとっては投資のセオリーからは大きく外れた行為で、危険で近寄ってはいけないものに映るかもしれない。しかし、そもそもそのセオリー自体が存在していないのが株式の世界である。ぜひ、偏見を持つことなく「ボロ株投資」の魅力を堪能してほしい。

第二章

給付金一〇万円で一億円も夢じゃない

──負けないためには勝つだけだ

船は港にいれば安全だが、それでは船の用をなさない。

（ケインズ）

経済格差の拡大期がやってきた！

「歴史は繰り返す」――一八世紀までの封建社会から一九世紀以降の市民社会に移行する過渡期に哲学・思想面で大きな影響を与えたカール・マルクスは、人類が時を隔てたびたび同じような過ちを繰り返すことをよく知悉《ちしつ》していた。歴史上のいかに優れた覇権国家も、やがて同じように堕落し衰退して行った。また、多くの血と涙が流れる大戦争も幾度となく繰り返されてきた。

歴史に学べばそうした悲劇は繰り返されないはずだが、それでも人間はいまだ歴史に学び自らの愚かさを正すことができずにいる。いや、おそらく学んではいるのだが、過去の失敗がいかに痛烈だったかを覚えている人々がいなくなると、やはり同じ過ちを繰り返してしまうのだろう。

「歴史の再帰性」という観点では、貧富格差も拡大と縮小を繰り返してきた。マルクス登場以前の絶対王政期には、王族や貴族そして一部の特権階級は富を独占し、一般市民とはまるで違う生き物かというほどの貧富格差が存在した。やがてマルクス誕生と前後して欧州で王政が崩壊し市民社会が誕生すると、一時的には人々の格差は縮まったかに見えたが、やがて産業革命や資本主義経済の発展に伴って、再び貧富の格差は広がって行った。

そうした「持てる者」と「持たざる者」の絶望的な格差は、人々の間に軋轢《あつれき》を生み、やがてクーデターや戦争という悲劇を生み出して行った。日本においても、クーデターほどではないが食い詰めた貧しい人々が一揆や打ち壊しなどの暴動が似たような時期にたびたび起きている。

マルクスは、そうした社会状況をつぶさに観察し、格差をなくす方法としての科学的社会主義（マルクス主義）を唱えるに至ったわけだが、おそらく彼は経済格差の輪廻に終止符を打ちたかったのだろう。しかし、その結果は周知の通りである。ソ連が継承した社会主義・共産主義は、崇高な理念とは裏腹に経済的に困窮し、そして二〇世紀末に衰亡した。一世紀強を費やした壮大な社会実験は、失敗に終わったのだ。

話を戻そう。新たに誕生した市民社会においても人々は歴史に学ばず、格差の拡大がやがて国家間の衝突に発展、世界は二度の大戦を経験し、ようやく人類は戦争の残酷さや愚かさを再び痛烈に胸に刻んだ。

しかしこの戦争は、単に殺戮《さつりく》と破壊をもたらしただけではなく「貧富格差の是正」という僥倖《ぎょうこう》ももたらした。おそらく人類史上でもまれに見る「それなりに平等な時代」が到来したのだ。日本においても、太平洋戦争の敗戦という苦杯を飲んだものの、その後の高度経済成長期では多くの国民が成長の果実を味わうことができた。一部の特権階級に留まらず多くの国民が恩恵に浴することができたのは、この時代が比較的格差の少ない環境であったことが大いに関係していた。

しかし、それから時代は再び変容した。グローバル化の進展とＩＴ社会の到来という新たな要因が加わって、世界中で再び絶望的な貧富格差が生じているのだ。

それを象徴する数字がある。ＮＧＯ（国際非政府組織）のオックスファムがまとめた二〇一七年の報告によると、世界で最も裕福な八人が世界の下位五〇％にあたる三七億人弱の総資産とほぼ同じ資産を持っているというのだ。この事実一つを取ってみても驚がくするほかないが、実はこの貧富格差は年を経るほどに進行しているのである。

アメリカで世代間の資産を比較したところ、若い世代の保有資産が大幅に少ないことが明らかとなった。若い世代の代表である「ミレニアル世代」（一九八一～九六年の間に生まれ二〇〇〇年代に成人・社会人となる世代）は現在二〇代半ばから四〇歳で、米国内で七〇〇〇万人超の労働人口がありまさに労働力の中核的存在だ。

しかし、彼らが所有する資産は国全体で見るとたったの四・六％しかないのだという。一方、第二次世界大戦後の一九四六～六四年に生まれた「ベビーブーマー世代」は、現在五〇代後半から七〇代で日本でいう前期高齢者に相当する層だが、彼らが保有する資産はアメリカ全体の半分以上におよぶ（ニューズウィーク二〇二〇年一〇月一六日付）。

これだけであれば、「年を経て蓄財した」と感じられるにすぎない。ただ、この話には続きがある。実は「ベビーブーマー世代」が三〇代半ばだった頃には、彼らが全米の総資産の二一％を持っていたというのだ。

この二つの世代の間には、「X世代」という一九六五〜八〇年生まれの世代があるが、彼らの保有資産は「ベビーブーマー世代」の半分しかない。各世代の人口を見てみると、「ベビーブーマー世代」が約七四〇〇万人弱、「X世代」が六六〇〇万人弱、「ミレニアル世代」が八三〇〇万人弱であるから、人口が少ない「X世代」の保有資産が少なめなことは妥当としても、明らかに世代を下るごとに保有資産が低下する傾向にあるのだ。

これには様々な要因が考えられるが、一つには社会が成熟し労働が専門化、分化、高度化することで所得格差が拡大する構造になっている点があるだろう。高度な人材はより多くを得る代わりに、単純労働者の賃金は極めて安く買い叩かれ、あるいは機械や人工知能に置き換わって不要となるという構図だ。

かつて、アメリカの主要な労働力を占めていた高卒の白人中間層は、現代では平均的な収入を得ることはおろか、まともな職に就くのも難しくなっているという。そして平均的な最終学歴がどんどん上がった結果、「ミレニアル世代」においてはそれなりの収入を得られる仕事に就くには大卒でもまだ不十分で、学資ローンを組んで大学院まで進まなければならないという状態になっている。しかも、それで経済的に安定するわけではない。彼らの多くが、ローン返済で後々まで重い負担を強いられているのだ。

もちろん、こうした「ミレニアル世代」の中にも莫大な富をつかんだ者もいる。フェイスブックの創業者マーク・ザッカーバーグはまさに「ミレニアル世代」の代表格だが、彼の保有資産は二〇二〇年八月現在で一〇〇〇億ドル（約一〇兆円）あまりにおよぶ。

つまり、こういうことだ。稼ぐ人はすさまじく稼ぎ莫大な財産を得ているが、大多数は親世代にあたる「ベビーブーマー世代」よりもまったく稼げておらず財産も少ないというのが「ミレニアル世代」の実相なのだ。まさに、「貧富格差」の拡大を如実に表している話ではないだろうか。

日本はすでに格差社会である

こうした現象は、何もアメリカに限った話ではない。日本においてもほとんど同様の状況になっているのだ。一九九〇年のバブル崩壊と就職氷河期の到来で、終身雇用と年功賃金は崩壊した。雇用形態は正社員から非正規雇用に変化し、そして今や若者の夢が「正社員になること」という、親の世代が聞いたら冗談かと笑うような話が出てくる時代になった。

その若者について、「最近の若者は物欲に乏しく、覇気がない」などと揶揄されることも多いが、時代が違うのである。周りにはモノがあふれ、日常生活に不自由がなくなった一方、高度成長期のように「それなりに頑張れば、それなりに豊かになる」時代ではなくなってしまった。ごくひと握りの能力や運を持つ者だけが成功と富を手にできるが、それ以外の者にとって貪欲に生きるだけの希望や夢を持つことはかなわなくなったのだ。

可処分所得（額面の給料から税金や社会保険料などを差し引いた手取り収入）の推移を見れば一目瞭然である。一九九〇年代は、概《おおむ》ねどの世代でも可処分所得は前年比で増えていたが、二〇〇〇年代以降に入るとすべての世代で前年比マイナスになっているのである。

さらに現在の日本は、一般の人が手軽に資産形成することがかなり難しい状態にある。一例を挙げれば、かつては預けておくだけで六％や八％の金利収入が見込める金融商品があったが、現在の超低金利下ではそんな夢のような利息収入は望むべくもなくなった。

その一方、社会保障料負担の増加が手取り年収の減少に拍車をかけている。額面七〇〇万円の年収でも、二〇〇二年の手取り年収は約五八七万円だったが、二〇一七年では約五三七万円と五〇万円も少なくなっているのだ。税や社会保障負担は増え、まともな運用先は消失、中途半端な工夫では資産は殖えて行かない。これが、今の日本の姿なのだ。

その帰結は、「貧困層の増大」としてすでに表れている。かつて日本は、世界でもまれにみる「貧富格差の少ない国」と言われていたが、今はまったく異なる。もし、今でも日本が平等な国だと思う人がいるなら、認識を改めねばならない。ユニセフの調査では、日本の所得格差はＯＥＣＤ加盟四一ヵ国中八番目に格差が大きい国となっている。信じられないかもしれないが、七人に一人は貧困に苦しんでいるのだ。さらに、ひとり親世帯に限ってみれば半数以上が貧困層という恐るべき実態なのである。わかりやすく言えば、あなたの住む町や勤め先、あるいは立ち寄るお店の近くなど、あなたの身の回りには気付かないだけで貧困者がたくさんいるのだ。

実のところ、私たちにとって貧困はもはや遠い世界の話どころか、すぐ近くにまで忍び寄ってきている。ということは、いつ自分が貧困層に転落してもおかしくないし最悪の場合、何かふとしたきっかけから貧困者たちが破れかぶれの暴動に出て、巻き添えを食うこともあり得るということだ。

経済格差と貧困は、決してなくならない。口にするのも実に嫌な話ではあるが、残念ながらどんなに時代が下り、技術や文明が発展してもこの命題は真で

可処分所得は減っている

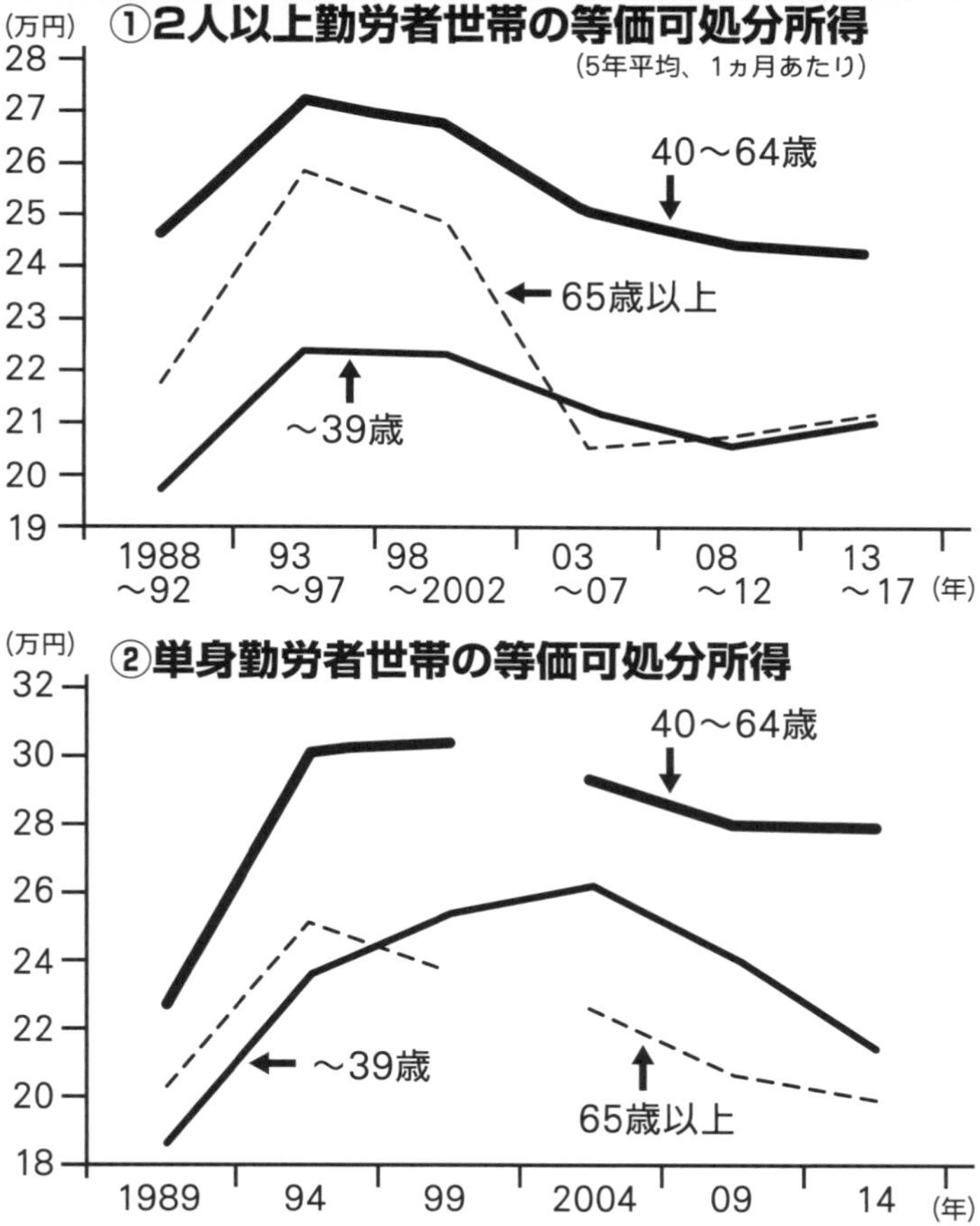

総務省「家計調査」「全国消費実態調査」のデータを基に作成

家計の金融資産残高の推移

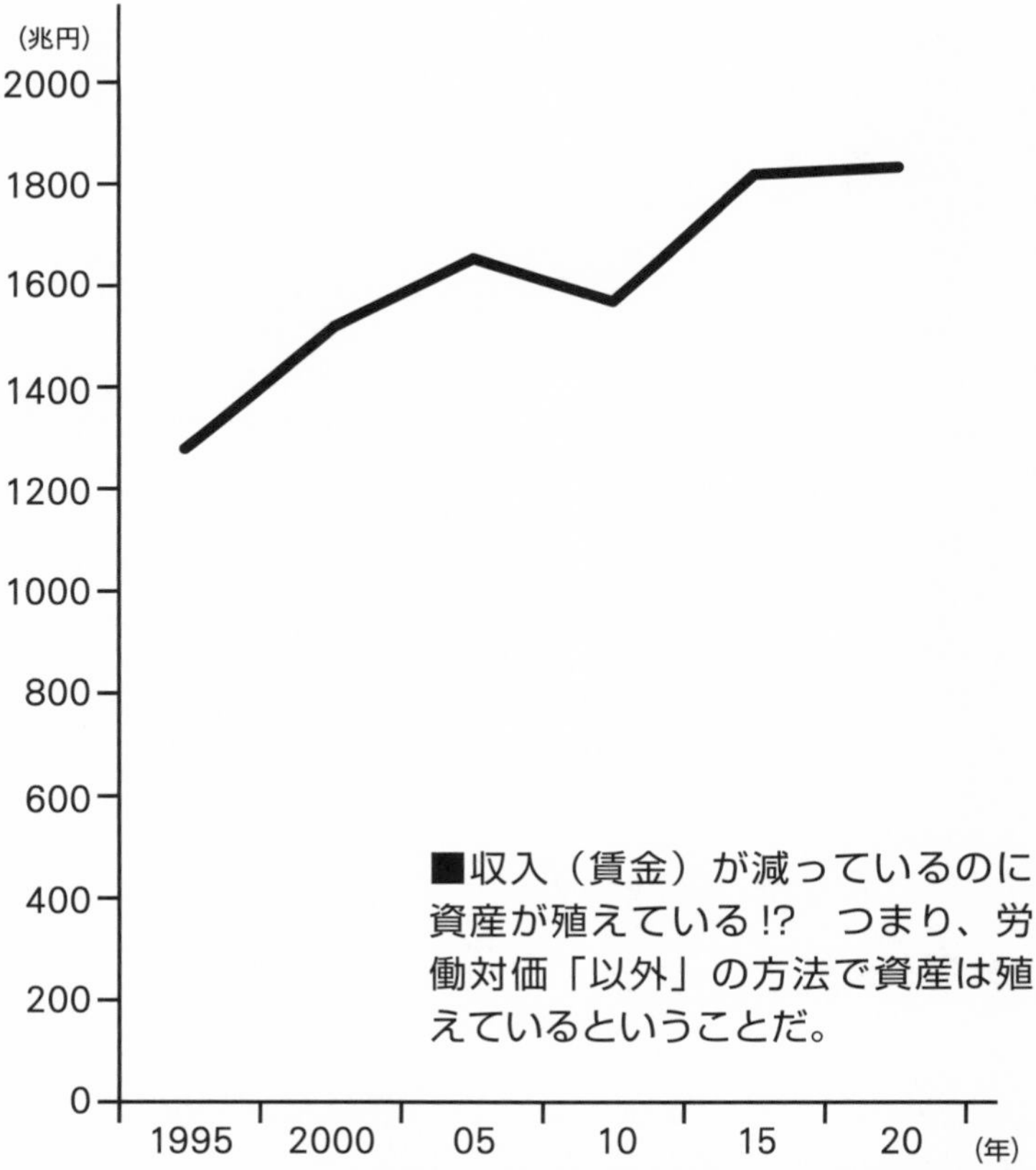
(兆円)
2000
1800
1600
1400
1200
1000
800
600
400
200
0
1995
2000
05
10
15
20
(年)
■収入（賃金）が減っているのに資産が殖えている!?　つまり、労働対価「以外」の方法で資産は殖えているということだ。

内閣府「国民経済計算」のデータを基に作成

あり続けるだろう。それどころか、技術や文明の進展はむしろ貧困を増大させる危険すらある。経済格差の原因が資本主義経済という仕組みにあるという指摘もあるが、残念ながらそうではないことは社会主義国家の歴史を見れば明らかだ。もちろん、資本主義が貧富格差を加速させる側面があるのは事実だ。

しかし、格差の根源的な要因は、富を退蔵《たいぞう》しておくことができる「貨幣」の存在にあると私は考える。人類の原初には、腕力や統率力といった個人的資質が個体の格差を決していたが、原初の貨幣に相当するものが登場すると、それを蓄えたものが富裕層となり力を持つようになった。やがて経済が発展すると、退蔵した富を使って新たな事業を興し、あるいは他人に貸与するなどしてさらに富を膨らませられるようになる。

こうして、富を持つ者はさらに富を集約することが可能になったのだ。そう考えると、人間の営みには「富の集中」という性質が宿命づけられていることがわかる。貧富格差をなくす人為的な力が働かない限り（たとえば政府が富の再分配政策を行なうなど）、この格差はいつまでも解消しないというのが自然な流れなのである。

資産家も無策ではいられない時代

世界は、ここ数十年間で圧倒的な格差社会に様変わりし、世代間でも世代内でも貧富格差が大きく広がっていることを見てきたが、では今まである程度稼いで資産を持つ人たちが安泰かと言えば決してそんなことはない。超低金利時代に突入し、財産をただ貯蓄しているだけでは資産はまったく殖えないし、定年まで勤めあげたとしても、頼みの年金が当てになる保証もない。二〇一九年に起きた「年金二〇〇〇万円不足問題」でわかってしまった通り、年金では老後を賄《まかな》うことは極めて難しいというのも公然の事実だ。

危惧すべきはそれだけではない。政府は二〇〇八年の金融危機以降、壮大なバラ撒きによって天文学的債務を積み上げ、二〇二〇年には新型コロナの対策としてさらにバラ撒きを行なっているが、これはいずれ年金財政の破綻や国家破産という事態を招来すること間違いない。つまり、近い将来ギリシャのように突如年金を減額されたり、さらにはベネズエラのようにすさまじい高インフレの嵐が吹き荒れたりといった事態が想定されるということだ。

その時、あなたの資産は何もしていなければあれよという間に価値を失い、老後の生活はむごたらしいものになるだろう。そうならないためには、たとえ資産家といえども油断してはならない。むしろ資産があるからこそ、その運用についてより真剣に考え、策を講じる必要がある。

「持てる者」と「持たざる者」を分ける決定的なこととは？

経済格差が比較的緩やかだった戦後しばらくの時代、資産は銀行に預けっぱなしにしていても殖え、不動産に換えておけば価値は上がって行った。経済成長に見合う形でなかば勝手に資産形成ができたわけだ。しかし、ここまで見てきた通り、もはや時代は完全に変わり「勝手に資産が殖える」などという夢のような話は終わった。今や、資産について何も工夫しなければ殖えることはまずないと言ってよい。

それどころか、預金や現金のままで置いていても安心などではなく、むしろいずれ到来するインフレによって実質価値が大きく目減りする危険すらある。これからの時代において、資産について無策であることは「負け」を意味する。

では、いかにして資産価値を守り、あるいは増大させて行けばよいのか。そのヒントは、「持てる者」たちの資産内訳にある。実は、「持たざる者」の資産構成は現金や預金といった「お金そのもの」の割合が多いのに対し、「持てる者」はお金として持っている割合がかなり少ないのである。

世界の富裕層の資産内訳については様々な調査会社からレポートなどが出ているが、それらを総合するとポートフォリオ内の現金・預金の比率は、おおよそ三〇％弱と言われている。逆に言えば、残りの七〇％はそれ以外の資産ということだ。不動産や債券、ファンド（投資信託）、金《きん》などの現物資産、美術品や骨とう品というものも含まれるが、中でも最も多いのは「株式」である。その割合は三〇％強で、現金よりも比率が大きいのだ。

この比率を見た読者の皆さんの感想はいかがだろうか。中には「案外、現金比率が高いな」と感じた人もいるかもしれないが、おそらく大方の感想は「現金がずいぶん少ないな」「株式がかなり多い」というものだろう。積極的にリスクを取って資産運用しているようにも見えるかもしれない。

だが、実際のところ富裕層の多くはそれほど積極的な運用は好まないのが実態である。今より資産を殖やすことよりも、経済状況の急変などの影響で資産を減らしたくないと考える傾向の方が強いのだ。「できれば手堅い運用を」と考える彼らのポートフォリオがこれなのである。プロの資産アドバイザーを活用することも一般的な富裕層は、そうした専門家の助言も受けながらポートフォリオを機動的に見直しているが、現金比率三〇％は現在の世界経済のリスク状況などを加味して妥当な割合としてはじき出されたものなのだ。

世界の富裕層たちは、株式や不動産などが持つリスクと同様に、「現金が持つリスク」というものも理解している。現金が資産価値を維持できる最良の手段だと考える富裕層は、おそらく一人もいないだろう。現金とは、国が発行主体（正確にはほとんどの国で中央銀行が発行主体）となっており、その国の信用力が裏付けとなっているが、時にはインフレで減価したり、為替変動によって相対的な価値が低下したりということが起こる。どこか一国の現金を大量に保有するということはその国の明暗と運命を共にすることを意味するが、富裕層たちはそうしたリスクを選択しない。状況を見て、一時的にどこかの通貨に過重配分することはあっても、基本は現金資産も通貨を分散するなどの対策を取る。それも、資産全体の三割弱の話である。

一般的にはハイリスクと言われる株式も、彼らにとっては決してハイリスクな選択ではない。もちろん、極端にリスクの高い銘柄を避け、分散投資を行なうことは基本だが、それなりにまともな銘柄なら一定期間保有しても紙キレになるリスクはかなり低い上、ビジネスが堅調なら十分な配当も得られ、株価上昇も期待できる。もちろん、株価下落による損失の可能性もあるわけだが、保有する銘柄全体でリスク分散し、また長期投資を行なうことで「時間によるリスク分散」も図ることができる。彼らが現金と株式に対して抱くリスク感覚は、一般庶民が考えるものとはかなり違うのだ。

株式と現金（通貨）のリスク感覚について、今少しわかりやすく説明してみよう。日経平均株価の主要構成銘柄と日本円を見比べてみる。まず日本円は、目先預金してもほとんど金利が付かないため殖えも減りもしないが、長期的には円安やインフレによって実質価値が目減りする可能性が常に存在する。特に日本は資源輸入国であり、為替と物価は連動性があるためだ。財政債務の問題もあり、潜在的な通貨価値の下落リスクは高く見積もる必要がある。

実際、通貨はどの程度減価するのだろうか。最も簡単なのは、消費者物価指数ベースでの比較だ。昭和四〇年と現在では物価上昇率が約四倍、昭和五〇年からだと二倍弱であるから、大雑把に言えば五〇年程度で物価が三倍前後になっている。通貨の視点で見れば、価値は三分の一に減ったということだ。日本が高度成長期からバブルを経験し、その後長いデフレ期に突入したことを加味すると、減価スピードは存外に速いと言えるだろう。バブル後のデフレ期が長期化し減価スピードが緩まったことは歴史的には例外的な状態であり、実際にはもっと減価スピードが速くてもまったくおかしくはない。

一方で、個別株式は短期的には株価の上下動が大きく目先のリスク性は高いが、銘柄を分散して長期保有すればある程度リスクへの対処が可能となる。また、株価以外にも「配当」という収益を期待できる。さらに、株式はインフレ期には現金を株に換える動きが起きて株価が上昇する傾向もあるため、銘柄にもよるがインフレリスクを軽減、回避できる側面も見逃せない。

こうした性質を大雑把に考えると、現金は短期的にリスク回避性が高く安心だが、長期で考えると「殖えにくい」上に「実質減価する」リスクもある。歴史的な観点で見てみると、超長期ではインフレ基調にあり、通貨はやがて国家の衰退と共に紙キレになって行くことがわかっている。株式についても、企業が永遠に続く保証はないためリスクはあるが、長い目で見れば通貨も同じように相当なリスクがあるのだ。

結局、どちらを取ってもリスクを負うのであれば相対的に収益期待が大きいものも持つべき、というのが富裕層ポートフォリオの考え方である。そして、そうしたスタンスが特に格差拡大の著しい現代において非常に良好な結果をもたらしている。

前出のニューズウィークの記事では、資産格差の要因として大多数のアメリカ人が株を持っておらず、そのため昨今の株価上昇から利益を得ていない一方、富裕層が多くの株を持っていたことを指摘している。二〇二〇年三月のコロナショックから始まった、米国株のすさまじい上昇ぶりを思い出してほしい。政府の財政出動策や金融政策により、株式市場に大量のお金が流れ込み、株価はわずか二ヵ月あまりで新型コロナ前の水準を回復、さらにニューヨークダウ、ナスダックは史上最高値を更新し続けた。そして、その恩恵を受けたのは、主に株式を大量保有していた富裕層たちである。

本来、国民を広く救済するための経済対策で富める者がさらに富み、持たざる者との圧倒的格差が開くばかりとなったのだ。日本の状況も、ほぼこれに並ぶ。二〇一二年の「アベノミクス」始動による株価上昇の恩恵は、もっぱら株を保有する資産家層や企業にのみ、もたらされたのだ。

現金を捨て、株を手にせよ！

ここまでいろいろと解説してきたが、本章の核心をここで簡潔に言おう。

一、今は、もはや絶対的貧富格差の時代

一、「持てる者」になりたければ、財産を殖やす工夫をせよ

一、世界の富裕層たちは総資産の三割を株で持ち、恩恵を受けている！

もうおわかりだろう。これからの時代に資産を殖やしたければ、現金を抱えていてはいけない。そして様々ある投資のうち、株式投資はサバイバル必修科目の筆頭なのだ。

ここで誤解のないように言っておくが、私は株以外の投資を否定するつもりはまったくない。債券投資や不動産投資でも資産を殖やすことはできるし、先物やオプションなどのデリバティブ、ＦＸ（外国為替証拠金取引）や仮想通貨、

クラウドファンディングなど新しい投資領域にも妙味《みょうみ》は多いだろう。

ただ、株式投資は非常にすそ野が広く、また誰でも取り組みやすいところが最大の魅力だ。株式投資で得られる様々なノウハウや経験は、ほかの投資にも応用できるものが多いため、非常に有用だ。「サバイバル必修科目」と言ったのは、そうした意味合いからだ。

とはいえ、ここまで株をやるべき理由を説明しても、まだ本格的に株式投資に取り組んだことがない人にとっては、なかなか踏ん切りがつかないかもしれない。そこで、尻込みをしている読者の皆さんが懸念していることについて、いくつか言及して行くことにしよう。

まず、あなたが二〇～四〇代で、将来に向けて資産形成を考えるなら、なるべく早く株式投資を始めた方がよい。その理由は、投資に取り組む時間をより長く取ることができる点、そして失敗してもやり直すチャンスが多い点だ。投資全般に言えることだが、特に株式投資は長期で取り組むことでより収益期待が高くなる投資分野である。また、長く取り組めば相場の様々な局面を経験でき、その対処方法などノウハウをより多く得ることができる。スポーツや勉強と同じく、投資も経験の積み重ねによる鍛錬が大きくモノをいう。「全財産を一点張り」などという過大なリスクを取るのは厳禁だが、多少の失敗もした方がよい。その後の投資において、大きな糧になるからだ。

逆に、若い人は短期的な収益を追ってバクチを打つような投資は行なうべきではない。若い人の中には、結果を急ぐあまり短期取引で勝負に出ようとする人も多いが、長期投資に比べて明らかに分《ぶ》が悪いやり方である上、うまく行かなければ（その方が多いが）投資を継続する気もなくしてしまう。投資は、「続けた者勝ち」の世界である。「最終的に勝つ」ことが投資のゴールであるから、無理のない範囲で長期的に取り組むことを心がけていただきたい。

さて、もし「自分はもうそれほど若くはない」という人でも、今から取り組んで遅いということは決してない。ただ、若い人に比べてより具体的な資金計画を立てて取り組んだ方がよいだろう。老後資金の足しにすることを想定するならば、値上がり益を重視するよりも配当利回りを意識し、株価変動に左右されにくい収益を目指すなどといった工夫が有効だ。

また、年配の人は若い人に比べてより保守的になりやすい傾向が見受けられるが、投資資金に余裕がある人ならむしろ短期投資で冒険をしてみるのもよいだろう。言い方は悪いが、これからの人生が長い若者は長期投資で収益を目指した方がよいが、残りの人生がそう長くない人ならむしろ投資自体を充実した、面白みのあるものとして捉《とら》え、楽しんで取り組む方が充実度は高い。勝ち負けだけにこだわらず、知的ゲームとして楽しむのだ。

実際、八〇歳を過ぎて株式投資に日々いそしむ「ご長寿投資家」には、「相場に立ち続けると気持ちに張りが出るし、世の中にも興味が湧《わ》くので心身の健康に良い」という人もかなりいらっしゃる。

お金についての「バカの壁」を取り払え！

株式投資などの話をすると、必ず出てくるのが「自分は損をしたくない」という意見である。その結果、投資は一切やらないという結論に達する人もかなり多い。また、一九九〇年のバブル崩壊で莫大な資産が「泡のように」消失したのを目の当たりにした世代や、「お金は労働の汗で得るもの」という観念を持ち、投資のように不労所得で得るお金に嫌悪感や罪悪感を持つ人もかなり多いように思われる。

投資に関するこうした意見は、気持ちとしてはわからなくはない。ただ、残念ながらそうした考え方は「お金」や「資産」というものを根本的な部分を誤解しているために生じるものだ。また、資産を殖やせるチャンスを自らみすみす逃している、「残念な考え方」でもある。もし、あなたにそういう発想があるなら、その「バカの壁」をぜひ取り払うことから始めていただきたい。

まず「損をしたくない」という発想は、お金の金額、すなわち「数字」にしか頭に入っていないために起きるものだ。どういうことかというと、お金の額面が意味する「価値」は常に変化している、ということがわかっていないということだ。

現代の日本のように超低金利、デフレ下にあると短期的にはお金の価値が変化している実感が湧かない。一年前に一〇〇円だったパンは一ヵ月前も昨日も一〇〇円だったのだから、今日も明日も一年後も一〇〇円であり続けると錯覚してしまうのだ。お金の価値が不変だと錯覚すると、とにかく持っている財産の「金額」を減らさないようにすることに意識が向いてしまう。

しかし、破産国家や急成長中の新興国のように急速なインフレが生じている場合ならどうだろうか。一年前に一〇円だったパンが一ヵ月前に一〇〇円となっているのを見れば、一年後には二〇〇円にも一〇〇〇円にもなっているかもしれないと考えるだろう。この時、手持ちの財産を「何もせずに」ただ保有するなど、愚かな選択以外の何物でもない。財産の実質価値は、どんどん目減りして行くからだ。

現在の日本は、巨額の財政・金融政策を動員してもデフレ退治できない状況にあるため、お金の実質価値が勝手に下がったりしないがインフレはいつ起きるかわからない。そうなってから対策しても、対応が追いつくまでに資産はどんどん目減りするだろう。「投資をしない」という選択は、資産（の絶対額）が増えも減りもしないため賢明な判断に見えるが、実はお金が本来的に持っている「長期的にはインフレ（減価）して行く」という性質をリスクとして理解できておらず、極めて非合理的な判断をしていることになっているのだ。

次に、「昔、バブル崩壊で大損したからもうやらない」や「投資で身を滅ぼした人を知っているからやらない」という意見だが、厳しい言い方だがそれはただの「負け犬の論理」である。そもそも投資は、「利益を得られるか損失に沈むか事前にはわからない」という不確定性がその本質にある。一〇〇回やれば、まず間違いなく何回かは損をするものなのだ。過去に手痛い負けを喫したからやらない、というのは子供が将棋で負けたら「もう、将棋やらない」とヘソを曲げるのと一緒である。むしろ、過去の経験をしっかりと振り返り、そこから多くを学び取るべきだ。私たちが生きる現在と将来は、投資が必修科目の時代である。子供の将棋とはワケが違うのだから、「負けたからもうやらない」と感情的になるのではなく、冷徹に投資と向き合う姿勢を持たなければならない。

マルクス主義の洗脳からの脱却

もう一つ見て行こう。「労働の対価としてのお金」という考え方である。これはある種の哲学のようなもので、私はこうした考え方が定着した背景にはマルクスの「資本論」が大きく影響しているのではないかと推察する。労働に対する支払いは、現代経済において極めて重要な要素であるし、また労働それ自体が尊いものであることに私も異論の余地はない。

しかし、「労働によって得られるお金は尊いが、そうでないお金は汚い」かのように考えるのは間違いであり、大いに危険でもある。もし、労働の対価としてのお金が「正」でそれ以外が「邪」であるなら、労働力「のみ」が価値となる（お金に変わる）べきということになるが、実際にはそんなことはあり得ないのだ。

マルクスは、資本家が原材料と労働力を仕入れて商品を生み出し、それを売って原価以上の「余剰価値」を手に入れる様を見て、本来労働の対価とみなすべき「余剰価値」を資本家が「搾取《さくしゅ》」していると主張した。しかし、これには多いなる矛盾がある。もし、その論理が正しいなら、人手の少ない工場より人手が多くかかるサービス業の方が搾取できる労働力が多く、資本家はより儲けられるはずである。しかし、現実社会ではそんなことは起きていない。経済が成熟して行くにつれて業種ごとの利益率は均一化することがわかっている。

この矛盾について、マルクスはついに解決を示すことなく亡くなった。また、その後継となったエンゲルスもこれに対する答えをついに導くことはできなかった。要は、そもそもモノの価値が労働力によって決まるという点に大きな矛盾があるということなのだ。極端な例だが、労働を集約して誰も買わないものを作りまくってもその商品が売れないのは明らかで、その労働の対価を誰も支払うことはできない。モノの価値は需給関係によって決まるのである。すると、そこには「原料費＋労働力＝商品原価」と「販売価格」の間に差が生まれ、利益が生まれることとなる。

そして現代では、その利益は資本家や企業経営者が独占するものではなく、その企業の「株主」になることで一般市民も得られるようになっている。

経済の循環の中で、労働対価以上に利益が生み出されていることは否定のしようがない。しかし、だからと言って労働者が搾取され資本家が不当に利益を得ているという考え方は間違いである。特に現代においては、株主になることで労働対価以上に生み出されている利益を得ることもできる。利用できる仕組みを使わず、貧富格差の波にのまれてなお「働かずにお金を手にするのは汚い」というのは、それこそ「貧者の論理」に洗脳された経済奴隷の発想である。

一秒でも早く、「マルクス主義の洗脳」から脱却することを強く勧める。

人は損をしたくないものだが……

株に限らず、投資をすればほぼ必ず二つのことが起きる。「利益を得る」ことと、「損をすること」だ。

投資をする人はみな、「利益を得る」ことを目指し、「損すること」は回避したいものだが、常に利益を勝ち取り、損を回避することはできない。とすれば、より分《ぶ》の良い選択をして行くしかないわけだが、その選択の鉄則として挙げられるのが「利大損小」という格言だ。何か投資判断をする時、「損を小さく、利益を大きく」できる選択をすることが最終的な投資成功のカギ、というわけだ。

一見すると、「そんなの当たり前じゃないか！」と思われるかもしれない。ところがさにあらず。人間とは、実に合理的でない判断を下す生き物であることがわかってきているのだ。

詳しくは第三章で説明するが、経済学の新しい領域として「行動経済学」というものがある。心理学と経済学の融合のような研究分野だが、この中の有名な理論によると「元々、人間は経済的に非合理的」な性質を持っているというのだ。どういうことかを簡単に言うと、利益を大きくする方法と損を小さくする方法のいずれかを選択する時、人は「損を小さくする」傾向があり、また手堅い小さな利益と不確実だが大きい利益であれば、確実な方を取るという性質があるということだ。

実はこの性質は、投資で目指すべき「利大損小」とはかなり相性が悪い。たとえば投資の初心者などで顕著だが、ある銘柄を買った後に利益が乗ると早く売って利益を確定しようとする一方、もし含み損になった場合は「待てば損が少なくなるかも」と売り渋るという行動がそれである。

得てして、そういう判断は裏目に出るものだ。もう少し待てばさらに大きく取れたはずの利益を逃し、早く売って損を少なくすべきだったのに売り渋って傷を広げる、という具合だ。まさに「損大利小」の典型的な選択で、投資で行なうべき「利大損小」の逆を行く行動である。

つまり、人間は生来持っている心理的性質に従って投資をすれば、かなりの確率で負けるということなのだ。

実に身もふたもない話だが、話はそこでは終わらない。投資には経験の積み重ねによる「鍛錬《たんれん》」が必要であると前述したが、人間が生来持つ心理的性質にあらがって「損を小さく利を大きく」を目指すのがまさにそれであり、鍛錬の中でも最重要のものである。この鍛錬には、より多くの経験が必要となる。特に、損失をした経験から学ぶことは非常に大きい。自分の判断、行動が「損小利大」に則したものだったのか、そうでなければなぜ間違えたのかを冷徹に振り返り、人間が生来持つ性質を矯正して行くのだ。

そのように考えると、「損をすること」は「学ぶこと」であり、「上達すること」であって、歓迎すべきことである。お金で自分の経験と能力を買うのだから、まさに「自己投資」というわけだ。

「損失」はなるべく少ないに越したことはないが、損失をゼロにすることは決してできない。小さい損をたくさん経験すること、そしてその損失をなるべく小さくすることを心がけ、ぜひ投資の技量を鍛えていただきたい。

投資の基本に立ち返る

投資に対して前向きに取り組む気持ちになってきたら、いよいよ実践に移るわけだが、その前に今一度、基本に立ち返っておきたい。何事も基本は非常に大事だから、おろそかにせずにしっかりと確認していただきたい。

①投資とは何なのか

いきなりの「そもそも論」だが、基本となるためしっかりと見て行こう。「投資」とは、「利益を得る目的で、事業・不動産・証券などに資金を投下すること」(デジタル大辞泉)だ。より直接的に言えば、「何かを安く買い、高く売る」(あるいは「高く売っておいて安く買い戻す」)ことを目指すものだ。

もし、これと逆のことになってしまえば「損失」となるが、結果は投資を始める時には誰にもわからない。投資対象の値段は投資参加者が決めるものであって、元々決まった値段が付いているものではないからだ。

「投資」に似たような言葉として、「投機」というものもある。こちらはなんともギャンブル的なイメージを感じる人も多いかもしれないが、言葉としては明確な違いがある。「投資」は、投資対象となる「モノ」の良し悪しや価値を評価し、それに対する価格が割安かどうかで判断する行為だ。一方の「投機」は、「モノ自体」の価値というよりも「そのモノ」が今相対的に割安かどうか、将来値上がりするかどうかという基準で判断する行為となる。「投資＝資本（モノ）に投じる」「投機＝機（タイミング）に投じる」と考えるとわかりやすいだろう。

よく、「投機＝悪」で「投資＝善」という二元論を語る人もいるが、私はナンセンスだと考えている。たとえば、株式投資などでは「銘柄の筋の良し悪し」という「投資」の側面だけでなく、「今が買いかどうか」といった「投機」の側面も存在する。配当益だけを純粋に狙う株投資なら「投資」と言えるだろうが、実際には売却損益も大きく影響するため、これらを分けて議論したところで実のある議論にはならないだろう。

②投資のスタイルを確立する

スポーツでも趣味でも、基本となる「型」を作ることは重要だ。思い付きで株を売り買いしたり、テレビの情報を見つけて慌てて取引したりといったことでは、「どうすればうまくなるか」という学びは得られず、一向に上達はおぼつかない。

たとえばゴルフを始めてスコア一〇〇を切りたいと考えたら、時間を作って素振りをし、雑誌やネットで情報収集し、週末にはレッスンを受け、打ちっぱなしで復習をし、といった具合に上達の「型」を作ってこなして行くのが普通だ。投資もまったく同じで、情報収集し、実践し、プロの情報や助言も得たりして鍛えて行くのが重要だ。

ただ、投資の場合は様々なスタイルがある。たとえるなら、何でもアリの総合格闘技のようなもので、ボクシングで挑むかブラジリアン柔術で挑むかは自由なように自分が向く方法を見出し、それを型にして経験を積むことができる。

そこで、株式投資を例として、その型を選ぶ際にポイントとなる点をいくつか挙げておこう。

a：銘柄の内容重視か、タイミング重視か

これは、「投資」と「投機」の話にも通じるし、株式の分析手法である「ファンダメンタル分析」と「テクニカル分析」という話にも通じる。ファンダメンタル分析では、会社の業容・業績・財務・将来計画や関係する外部要因（たとえば政策や為替から、果ては気候変動や災害に至るまで）を分析し、「銘柄の良し悪し」の評価を重視する。

一方、「テクニカル分析」は過去の株価推移が投資家の心理を反映しているという前提に立ち、過去の推移から今後の株価変動を予測するという方法を取る。どちらが正解というわけでもないし勝率もほとんど変わらないが、考え方やアプローチはかなり違うため人によって相性が分かれるだろう。

b：どういう時間軸で投資するか

株式投資の場合、数秒から数分単位で小さい利ザヤをたくさん取りに行く「スキャルピング」という超短期の取引手法から、デイトレードやスイングトレードなどの短期取引、さらには数年から一〇年単位の超長期取引まで自在に選ぶことができる。ただ、この時間軸の設定は自分の投資判断が成功だったのか失敗だったのかを図るために極めて重要な点であるため、一度設定したら簡単に変更してはいけない。特に、ある銘柄を保有してから時間軸を変えることは絶対にしてはいけない。途中で評価する時間軸を変えれば、その取引で利益を得ても損失となっても「何がその結果の要因だったか」という学びを得ることはできなくなる。これでは、思い付きで投資をしているのと何ら変わりない。

また、時間軸はａの話とも大いに関係がある。たとえば、ファンダメンタル重視で銘柄を選ぶ場合、その分析が妥当だったかを判断できるのはどんなに早くても四半期～一年後となる。当然、時間軸としては中～長期以上で設定する必要がある。逆にテクニカル分析で行く場合、分析手法に合った時間軸を設定可能だが、あまり長期の時間軸を設定するのは得策ではない。

さらに、時間軸にも個々人の相性がある。毎日相場に張り付くのが楽しい人もいれば、株価をチェックするのは年数回程度にしたい人もいる。これも正解はなく、自分が取り組みやすく学びやすいものを選択するのが賢明だ。

C：専門領域を見つけ、特化する

日本国内の上場銘柄は三七〇〇社あまりあり、そのすべてを網羅することは現実的には難しい。そこで、投資に専念する領域を決めてそこに特化した知識やノウハウを蓄積するのだ。切り口はいろいろあるが、業種、企業規模、経済トレンド（テーマ）など企業の性質に注目するものから、総発行株数、株価、配当性向などに注目する方法もある。さらには、過去の株価推移に類似するパターン性を見出し、収益機会を探るというやり方もある。

第一章で見てきた「ボロ株」も、数多ある株式銘柄の中で類似するパターン性を見出しやすい領域と言える。誰も発見していないユニークな領域を見出せれば、そこでかなり有利に利益獲得の機会を探ることもできるだろうが、それはなかなか難しいことである。既存の投資家が注目する様々な領域をざっと研究してみて、自分が取りかかりやすいものを選んで行くのもよいだろう。私はそういう意味でも、「ボロ株投資」は大いに注目に値するお薦めの領域と考える。

③判断基準を決めて取引を始め、途中で基準変更しない

この、三つ目の基本はとりわけ重要な事項となるため、ぜひともしっかりと肝に銘じ、そして折に触れて自らを省みてほしい。まず、資金を投じて取引を始める前に、「どういう判断基準でこの投資の成否を判断するか」を決めてから取引するという原則だ。

この原則は、簡単に言えばある銘柄を買う（あるいは空売りする）時にどの程度儲かったら売るのか、あるいはどの程度損したら売るのかを決めておくということだ。金額でなくともどれぐらいの期間保有し、その時の結果見合いで売買判断を行なう、というのでもよいのだが、とにかく「始める前に判断基準を決める」というのが大変重要な点だ。この原則は、実に様々な意味合いで重要なのだが、最も重要なのは利益確定や損切りを正しく判断する習慣を付けるということだ。

投資において最も難しい判断は、「何を買うか」や「いつ買うか」ではない。

「いつ売るか」である。第三章で説明するが、「プロスペクト理論」という理論によると人間が本来持つ心理傾向は投資に不向きであり、投資で成功するにはそれに逆らう必要がある。利益を極大化するために「すぐ利食い（利益を確定させること）したい」という衝動を抑え、損失を抑えるために「損切りを先延ばししたい」という甘えを断ち切るのは容易ではない。そこで、取引する前に出口の条件を決め厳守するのだ。これを継続することで、「損小利大」の鍛錬を重ねるのである。

また、出口の条件を守るのにはもう一つ重大な理由がある。この取引によって利益が得られると判断するから取引をするわけだが、判断するからにはその理由、根拠がある程度明確になっているはずだ。それがファンダメンタル的根拠かテクニカル的なパターン性なのかに関わらず、一定条件で勝率が高いと踏んだからこそ取引を行なうわけで、その読みが果たして合っていたのかどうかどこか分析に見逃している点がないかを振り返るためには、きちんと条件通りに取引して結果を受け入れる必要がある。

これをないがしろにすれば、なぜ勝てたのか、なぜ負けたのかを正しく評価できず、今後に活きる反省はできなくなる。

最もよくある悪い例が、取引をかけている最中に「相場の状況が変わったから新しい判断基準に変更する」というものだ。「今回は特殊要因が起きたから」などと理由を付けて損切りを先延ばしにするといったことが最もありがちだが、そんなことをしていたらいつまで経っても自信を持った判断はできないし、まったく上達しない。想定外の特殊要因が起きたのなら、なおのことすぐさま損切りして仕切り直しすべきである。

この典型例以外にも、こうした「判断基準の途中変更」を行なってしまう例はいくらでもある。中には、自分で意識せずにやっている場合もある。投資鍛錬の大きな妨げとなる悪癖であるから、特に常日頃から意識していただきたい。

④資金計画と投資目標を定めておく

高校や大学を受験したことがある人なら、「目標」と「計画」の重要性は理解していることだろう。受験の場合、入りたい学校の合格水準に合わせた勉強の計画を立てることになるし、現在の学力と受験までの期間で勉強の計画を立て、到達できる合格水準の学校を目指すという方法もあるわけだが、投資も同様に計画を立てておく方が実現可能性は高まる。

計画について言えば、大まかに次のようなことを棚卸ししておくとよい。

・総資産のうちどの程度が投資資金にできるか（当座の生活に不要な資産）
・投資資金のどの程度まで損失を許容するか
・投資スタイルに合わせて一度に投資資金のどの割合まで投下するか
・損失が累積した場合、どこで一旦投資をやめ、どうリカバーするか

先ほど、「バブル崩壊で大損したからもう投資はやらない」という例に触れたが、厳しい言い方をすれば自分がやる気をなくすほどの損失が出るやり方をしているのが悪いのである。きちんと計画を立てていれば、身を滅ぼすほど資金を投じたりはしないし、やる気をなくすほどの損失も許容しないはずである。調子に乗って深追いしたり、恐怖心にあおられて損失回避のナンピン買いをし

たりということも防止できるはずなのだ。

市場は、思いがけない変化にあふれている。そのことに思いをいたして、くれぐれも資金計画はしっかりと立てることをお薦めする。

投資目標については、大まかに決めておくに越したことはないが、ただあまり厳格に決めると逆に自分の首を絞めることになる。「一〇年後に大体どれぐらいになっていればよい」「年率換算で何%ぐらいを目指したい」という程度がちょうどよいだろう。目標額や目標利率は、投資スタイルや投下資金などとも関係するため、無理のない程度の目標を定めた方がよい。学校の受験なら「何が何でもあの学校に！」と高望みしてしゃかりきに頑張るというのも悪くないが、投資は相場という生き物を相手にするため、いくら頑張ってもできない目標もある。

達成可能な目標を立て、そこに近づけるように鍛錬を積むのが適切な向き合い方と言えるだろう。

せっかくなら、夢は大きく持とう！

ここまで投資の基本を見てきたが、そうはいっても「夢を追いかける」のも投資における重要な要素である。小さな元手を工夫と腕で大きくして行く醍醐味は何にも代えがたいものがある。無理をして投資資金を一点集中するような無謀な投資はいただけないが、「少額で冒険し、楽しむ」というのなら悪くないし、むしろ積極的に取り組んだ方が楽しみが増すというものだ。

その観点では、「ボロ株投資」ほどうってつけなものはない。何しろ、最低投資額が小さいため、気軽に始めることができるのだ。たとえば、株価五〇円の銘柄なら五〇〇〇円から始められるわけで、これなら万が一、上場廃止になっても損失額としては許容できるだろう。それでいて、数十％～数倍の大化け銘柄も誕生するのだから、実に楽しみではないか。

日経平均株価の構成銘柄などは、企業の安定性も高く落ち着いて取引できる代わりに額面も高く取りかかりづらいし、株価急騰の妙味も薄い。二〇二〇年のコロナショックで株価は大きく傷んだが、それでも上場廃止銘柄はごくわずかしか出ていないため、株が「紙キレ」になるリスクも低い。こうした市況下であれば、株は節度を持って大いに楽しむべきだろう。

さて、ここであえて夢のような壮大なお話をしておこう。

私は、「ボロ株投資」には数ある株投資の手法でも飛びぬけて夢があると思っている。それは、少ない軍資金からでも大きく資産を殖やす可能性が眠っているという点がほかにはないものだからだ。二〇二〇年、コロナ対策で給付金一〇万円が国民にバラ撒かれたが、たとえばこれを元手にして大きな夢を描くというのもあり得ない話ではない。

あえて妄想にも近い例を出すが、この一〇万円を使って一億円を手にすることだってあり得るだろう。具体的には、年率平均四〇％で二〇年間累積運用すれば到達可能となる。一年後は一〇万円の一・四倍で一四万円、二年後は一四万円の一・四倍で一九・六万円、三年後は一九・六万円の一・四倍で二七・四万円……とこれを累積して行けば、二〇年後には約八三六〇万円、二一年後には約一億一七〇〇万円となる。

年率平均四〇％とはかなり背伸びが必要だが、第一章で見た通り「ボロ株」の爆発力は年率四〇％すら期待できるほどである。取り組んでみてある程度の成果が期待できるようになったら、投下資金を増やす代わりに目標利率を下げるなど工夫をすれば、大きな夢もグッと現実的になる。

どうせやるなら、壮大な夢を掲げてワクワクしながらやった方がよい。投資は、単に利益を追求するよりも楽しんだ者勝ちなのだから。

世界は、新型コロナの猛威にすっかり縮こまってしまっている。しかし、投資の世界にはまだまだ大きく羽を広げて輝かしい可能性をつかむチャンスが待ち受けている。「ボロ株投資」は、その世界を翔けるためのユニークな武器となるだろう。ぜひとも皆さんには、楽しみながら果敢に株式投資に挑戦していただき、チャンスをものにしていただきたい。

第三章　残念な投資家にならないために

——投資家のための必勝法

株投機は世界で最も魅力的なゲームだ。
しかし怠惰な人、感情をコントロールできない人、
それに手っ取り早く儲けようなどと思っている人は、
絶対に利益を上げることはできない。
市場は変わらない。変わるのはその顔ぶれが変わるのだ。

（ジェシー・リバモア）

まともな人間は相場で勝てない？

相場で継続的に利益を上げられる人は、ごくひと握りと言われる。ほとんどの人は相場で勝つことができないのが現実である――このことを、あなたはどう考えるだろうか？「努力が足りないのだ」「研究不足だからだ」と思われるかもしれない。そして、「俺なら必死に勉強して、相場に勝つ自信がある」と考える人もいるだろう。もし、あなたが一〇年あるいは二〇年と継続的に利益を上げている「勝ち組投資家」なら、本章は読み飛ばしていただいて構わない。

そして、そのような勝ち組投資家ではないあなたは、おそらくどんなに猛勉強したとしても今後も相場で継続的に勝つことはできないだろう。

なぜ、そう言えるのか？　実は〝正常な〟人間の心理・思考回路では、相場には勝てないのだ。ほとんどの人が相場で勝てていないことが、それを裏付けている。生まれながらに優れた投資センスを持ち合わせた天才的な投資家もまれには存在するが、失礼ながらそのような人は思考回路がどこか普通の人とはずれているのだろう。だから、「常識をわきまえたまともな思考回路を持つであろうあなたは、相場で勝つことができない」と断言できるのだ。

そんなあなたが相場に勝つにはどうすればよいのか？　簡単なことだ。〝正常な〟あなたの心理・思考回路を意識的に変えればよい。あなたの心理・思考回路を相場を張るのに適したものに変えることができれば、ごくひと握りの勝ち組投資家になれる可能性は飛躍的に高まるだろう。本章では、その具体的な方法について考えてみよう。

投資に活かす行動経済学

あなたは、「行動経済学」という学問を前章ですでに聞いたはずだ。行動経済学とは、私たちの心の働きから人間の意思決定プロセスや行動などを分析しようとする、比較的新しい経済学の一分野である。端的に言うと、心理学と経済学をかけ合わせたような学問だ。

創始者の一人、ダニエル・カーネマン氏は二〇〇二年にノーベル経済学賞を受賞している。その後も二〇一三年にロバート・シラー氏、二〇一七年にはリチャード・セイラー氏もまたこの分野でノーベル経済学賞を受賞しており、現代において非常に注目されている経済理論だ。

そして、この行動経済学にこそ相場に勝てる思考回路を身に付けるヒントがあふれているのだ。なぜ、行動経済学が注目されるかというと、心理学を使うことによって私たちの意思決定プロセスをうまく説明できるからだ。従来の伝統的な経済学では、人間は常に合理的に行動するということを前提に置く。しかし実際には、私たちは常に合理的に行動するとは限らない。多くの人は目先の満足を追いかけるなど、合理性に欠ける行動をとることもあるものだ。

特に、短期的にはその傾向が強い。ただし、長期的に見ると徐々に学習効果が働くことで合理的に行動することが増える。そのため、伝統的な経済学は長期の変化に対しては今なお有効であるが、短期の変化に対してはなかなかうまく機能しないのだ。そして、短期の変化に対して非常に有効なのが「行動経済学」なのである。

プロスペクト理論——損失の悲しみは利益の喜びの二倍以上

行動経済学の一分野に「行動ファイナンス」がある。行動経済学に基づく投資理論で、市場に参加する人間の感情や心理的なバイアスが投資行動にどのように影響するのか、といった伝統的なファイナンス研究では無視されていた部分に注目する。

その中核とも言える代表的な理論が、「プロスペクト理論」である。プロスペクト理論は、予想される利益や損失、確率などの条件によって人間がどのように意思決定を行なうのかをモデル化したものだ。一般的に人は、物事が起こる確率を正確に認識し、合理的に行動するわけではない。そのことを実感できる、二つの実験が広く知られる。

A「無条件で一〇〇万円もらえる」

B「コイン投げで、表が出たら二〇〇万円もらえる。裏が出たらゼロ」

この実験で多くの被験者が選ぶのがAだ。一〇一ページに示すように、経済的メリットの期待値はAもBも一〇〇万円で変わらない。それにも関わらず、Aを選びたくなるのが不思議なところだ。

次に、二〇〇万円の借金があると仮定して、

C「無条件で借金を一〇〇万円減額」

D「コイン投げで、表が出たら借金はチャラ。裏が出たら借金はそのまま」

この実験で多くの被験者が選ぶのがDだ。こちらも、減額される借金を期待値で表すと、CもDもやはり一〇〇万円で同じになる。

このように、多くの人が「AとD」を選ぶわけだが、実はこの選択は矛盾している。それぞれの選択肢を比べると「AとC」は堅実な選択であり、「BとD」は投機的な選択と言える。この実験でA、B、C、Dいずれの選択肢も期待値は一〇〇万円で変わらない。そうであれば、堅実さを求めるタイプの人は

「AとC」、投機性を求めるタイプの人は「BとD」を選ぶのが合理的と言える。

では、なぜ多くの人は「AとD」を選ぶのか？　私たちには「得した時の喜びよりも、損した時の悲しみの方が強い」という心理的傾向があり、それが多くの人に「AとD」を選ばせるという。

この心理的傾向を表しているのが一〇三ページの図だ。カーネマンらが実験を重ねて導き出した曲線で、「価値関数」と呼ばれる。横軸は利益と損失の金額、縦軸は主観的な価値（喜びと悲しみの大きさ）を表す。また原点は参照点と呼ばれ、投資元本を示す。利益が増えるにつれ喜びが増し、損失が増えるにつれ悲しみが増して行く様子が曲線に描かれている。

しかし、同じ金額でも、利益の場合と損失の場合とでは感じ方が異なる。曲線の傾きは、利益側よりも損失側の方が急になっている。二〇万円の利益で得られる喜びよりも、二〇万円の損失がもたらす悲しみの方が大きいのがわかる。カーネマン氏らによれば、両者には二・二五倍の差があるという。つまり、二〇万円の利益よりも二〇万円の損失の方が二倍以上重く感じるということだ。

期待値の検証

A 無条件で100万円もらえる

B コイン投げで、表が出たら200万円もらえる。裏が出たらゼロ

Aの期待値
100万円×100%＝100万円

Bの期待値
200万円×50%+0円×50%＝100万円

C 無条件で借金を100万円減額

D コイン投げで、表が出たら借金はチャラ。裏が出たら借金はそのまま

Cの期待値
100万円×100%＝100万円

Dの期待値
200万円×50%+0円×50%＝100万円

後悔の回避――人間はなかなか損切りができない

業績や株価の動向を入念に調べ、「上がるに違いない」と思って投資した株が意に反して下落するのはよくあることだ。買い値から五%、一〇%、二〇%、三〇%とずるずると下がり続ける保有株……。もしも買い値から五〇%下落したら、再び買い値まで戻すには一〇〇%上昇しなければならない。つまり、株価が半値になったらそこから二倍に上昇しなければ株価は元には戻らないわけで、リカバリーは非常に困難になる。

そこで重要になるのが、「損切りの技術」だ。手遅れになる前に、ある程度の損失が出た時点で株を売り、損失を確定するのだ。ところが、この損切りがなかなかできない。

たとえば、急にお金が必要になり、保有株を売却しなければならないとする。売却候補は二銘柄。A社株は含み益があり、B社株は含み損がある。あなたは

価値関数

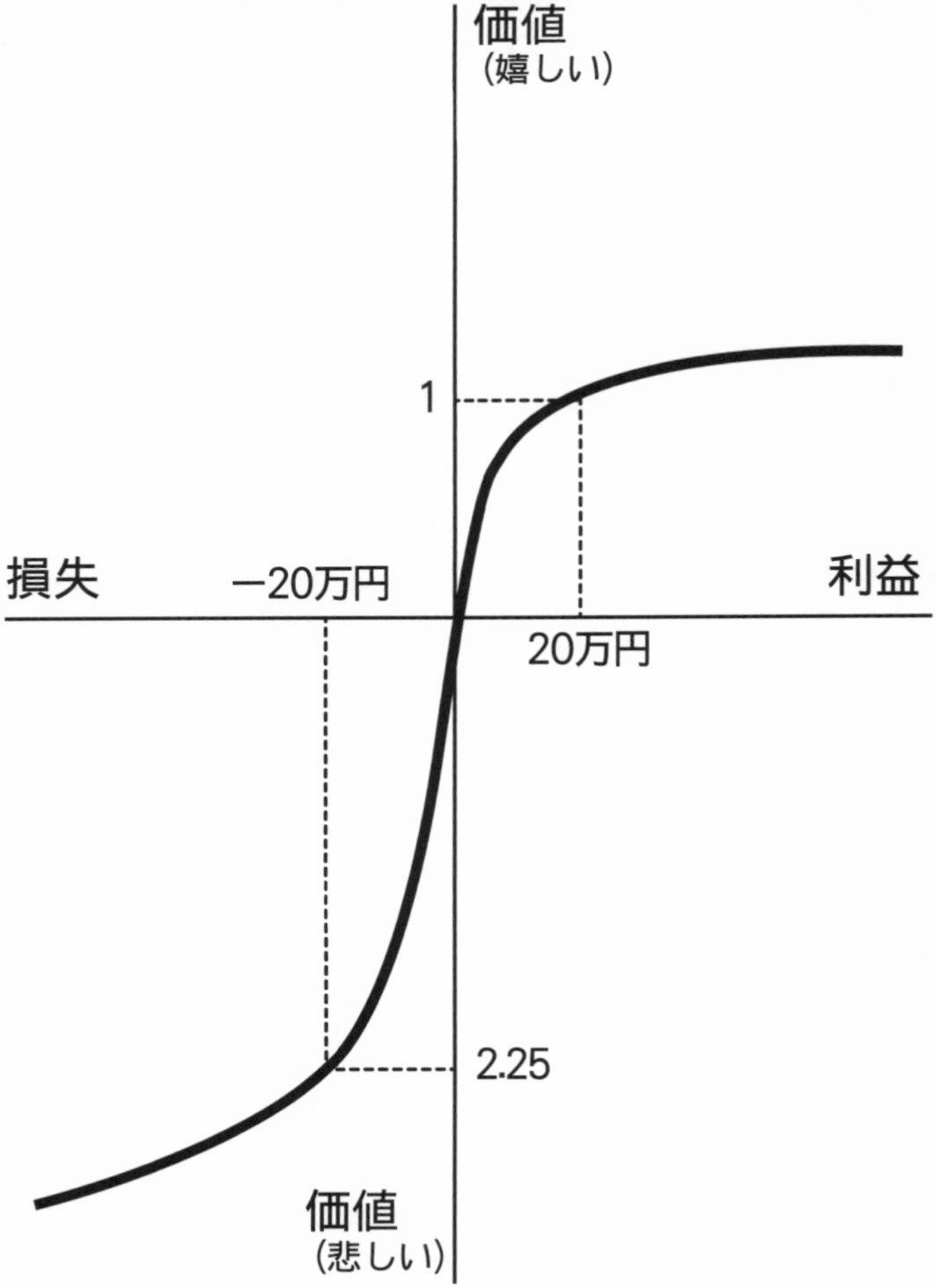
価値
(嬉しい)
1
損失
−20万円
利益
20万円
2.25
価値
(悲しい)

どちらの株を売るだろうか？　もちろん、その時の市場環境やそれぞれの株を取り巻く状況にもよるだろうが、実は多くの人が、含み益があるA社株の売却を選択するという。

含み損があるB社株を売却すれば、損失が確定する。その瞬間、自分の投資判断が間違っていたことも〝確定〟してしまい、後悔の感情が生まれる。一方、含み益のあるA社株を売却すれば利益が確定する。自らの投資判断が正しかったことが証明され、満足感が得られる。心理的にはA社株を売る方がずっと気持ちがよいのである。

こうして後悔の念を回避するために、A社株を売却し、B社株はいわゆる「塩漬け株」と化す。「あれだけの時間と労力をかけて調べ上げたB社株はいずれ必ず上がる」……そう信じた投資家は、「下落は一時的なものだ」とか「相場全体が下落しているから、連れ安しているだけだ」と自分に言い聞かせ、B社株の保有を続ける。

自分の判断と結果が一致しないと、人は不快に感じる。それを解消するため、自分に都合のよい理屈で自分を納得させようとする。これは、アメリカの心理学者フェスティンガー氏が提唱した「認知的不協和」と呼ばれる心理状態だ。

　保有継続を決めたB社株だが、その後もずるずると下げ続けるのもよくある話だ。「もう下げ止まるだろう。悪材料は出尽くした」などと考えて持ち続ける。多少、値を戻した時に売却できれば少しは傷も浅くなるが、これまでかけた時間や労力を考えると売却の決断ができない。そうこうするうちに含み損がどんどん拡大し、やがて感覚が麻痺し、最終的には無関心になる――このように、損得の絶対値が大きくなるほど感覚が鈍ってくることを、「感応度逓減《ていげん》性」と言う。こうして何年もの間、含み損を抱えた「塩漬け株」ができあがる。

我慢できる人が成功する

「今日一〇万円もらうのと、一ヵ月後に一〇万一〇〇〇円もらうのとどちらがよいか?」こう問われると、ほとんどの人が今日一〇万円もらうことを選ぶ。

しかし、この選択は合理的とは言えない。一ヵ月後に一〇万一〇〇〇円もらうということは、一〇万円を基準にすれば一ヵ月の利回りは一％ということだ。これは年利回りにすると、一二％を超える。ゼロ金利時代にあって、破格の高利回りだ。今日一〇万円をもらった場合、それを年利回り一二％で殖やすのは簡単なことではない。安全性の高い確定利回りの金融商品では絶対に不可能だ。

というわけで、合理的に考えれば一ヵ月後に一〇万一〇〇〇円もらうのが正解ということになる。では、なぜ多くの人は今日一〇万円もらうことを選んでしまうのか？　それは私たちが時間について理屈通りの感覚を持っていないからだ。

人間には、将来もらえるお金の価値を現在の価値に換算すると、表面上の金額よりも小さく感じる（割り引いて感じる）傾向があるという。これを数値化したものが「時間割引率」で、将来のお金の価値を現在のお金の価値に換算する際に割り引く率のことだ。時間割引率は主観的な感覚であり、人それぞれ異なる。今回の選択肢で、一年後にもらえる金額が一二万円だったら一年後にもらう方を選ぶ人もいるだろう。また、一年後にもらえる金額が一三万円だったとしても、今日一〇万円もらう方を選ぶ人もいるに違いない。

時間割引率は、将来よりも今を重視する「せっかちさ」を示すと言われる。私たちは目先の満足度を優先する傾向がある。そして、時間割引率が大きいほど、その傾向が強く表れる。たとえば、近日中の禁煙を決意した人が「近々やめるのだから、もう一本だけ吸っておこう」とタバコに手を伸ばしたり、ダイエットを始める人が「つらいダイエットを始める前に、もう一個だけ食べちゃおう」とお菓子を口にする。時間割引率からも、禁煙やダイエットの難しさが理解できる。

次に、「六ヵ月後に一〇万円もらうのと、七ヵ月後に一〇万一〇〇〇円もらうのとどちらがよいか？」と聞かれた場合は、七ヵ月後に一〇万一〇〇〇円もらう方を選ぶ人も少なくないだろう。「六ヵ月も七ヵ月もたいして変わらない。それなら一ヵ月待って、一〇〇〇円多くもらえる方がよい」というわけだ。

この選択自体は合理的と言えるが、先ほどの質問で、「今日一〇万円もらう」

方を選んだ人なら、今回の質問では「六ヵ月後に一〇万円もらう」方を選ぶのが自然だ。いずれの質問も、お金をもらえる時期には一ヵ月の差があり、もらえる金額の差も一〇〇〇円であり同額だからだ。

では、なぜ先ほどの質問では「今日一〇万円もらう」方を選んだのに、今回の質問では「七ヵ月後に一〇万一〇〇〇円もらう」方を選ぶ人がいるのだろうか？　実は時間割引率（せっかちさ）は近い将来で大きく、遠い将来では小さくなる傾向がある。これは「双曲割引モデル」という理論として知られ、一〇九ページの図で表される。

「双曲割引」の図は主観的価値（時間割引率）を縦軸、時間を横軸に取り、価値認識の変化をグラフにしたものだ。これを見ると、「今すぐ」が主観的価値が最も高く、時間が経過すると一気に価値が減少（時間割引率が拡大）し、さらに時間が経過すると次第になだらかな双曲線を描いて下落して行くのがわかる。ある程度の時間が経過すると、時間割引率が小さくなることを示している。

このように、私たちには「将来より今が大事」という心理的傾向があるとい

双曲割引モデル

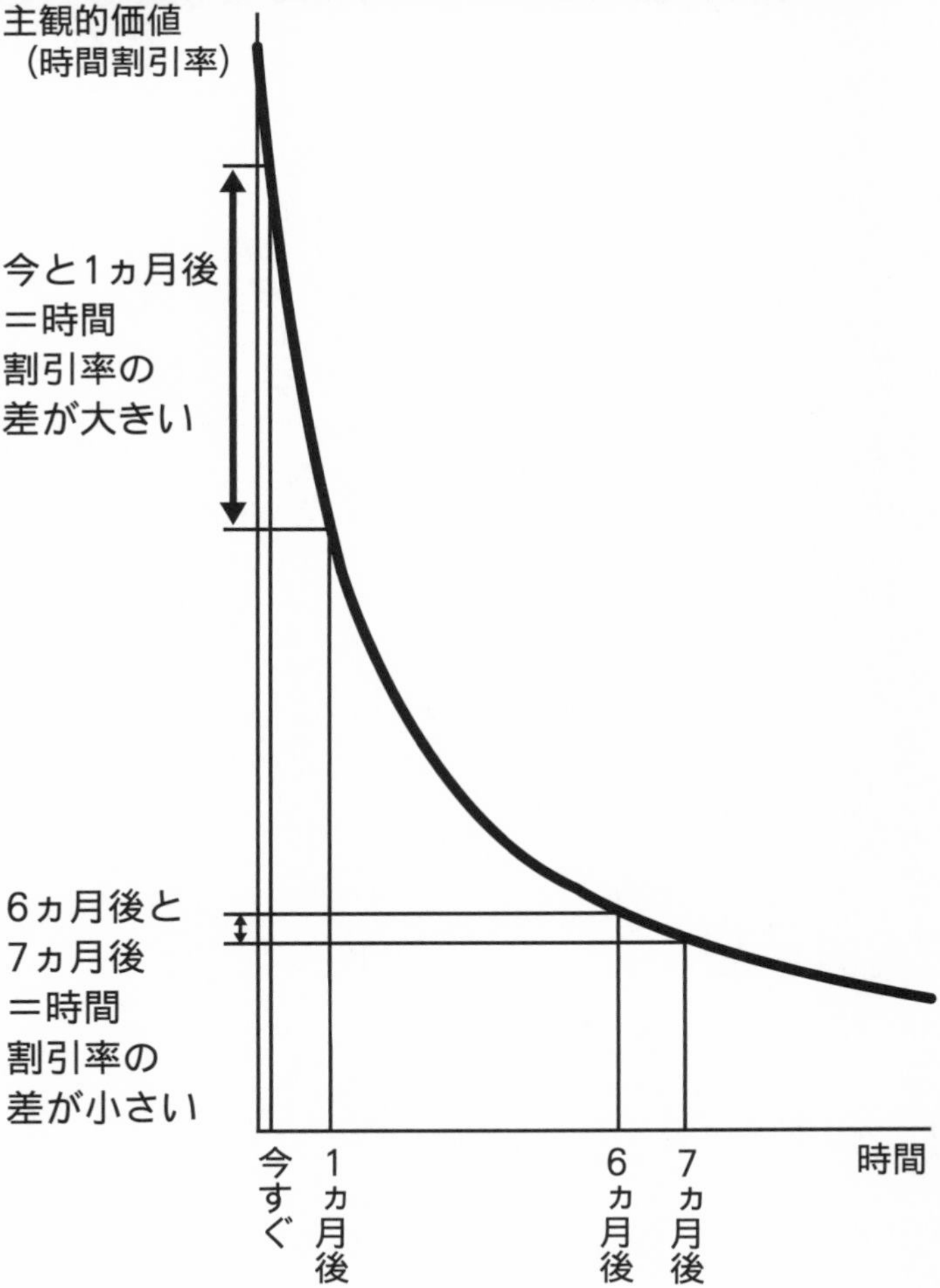
主観的価値
（時間割引率）
今と1ヵ月後
＝時間
割引率の
差が大きい
6ヵ月後と
7ヵ月後
＝時間
割引率の
差が小さい
今すぐ
1ヵ月後
6ヵ月後
7ヵ月後
時間

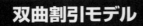

うことだ。

選択のパラドックス

投資は選択の連続だ。投資対象を選び、それをいつ買い、いつ売るかを判断しなければならない。良い投資対象を選び、良いタイミングで買い、良いタイミングで売るのは簡単なことではない。特に投資初心者にとっては、投資対象を選ぶことからして難しい。国内の投資信託だけでも数千もの商品がある。その中にはたとえば、A社が運用する「日本株〇〇オープン」、B社が運用する「日本株〇〇投信」というように類似の商品も少なくない。

選択肢が多いのは一見望ましく思えるが、実は私たちは選択肢が多いことにストレスを感じる傾向がある。もちろん選択肢があまりにも少ないのは論外だが、多すぎてもダメなのだ。これは「選択のパラドックス」と言われる。

コロンビア大学ビジネススクールのシーナ・アイエンガー教授は、このことを実験を通じ、「ジャムの法則」として明らかにした。同教授は、二四種類のジャムが置いてあるテーブルと、六種類のジャムが置いてあるテーブルの売り上げを調べた。すると、六種類しか置いていないテーブルの方が売り上げが六倍も多かったという。二四種類のジャムが置いてあるテーブルでは、多くの人が試食をしたが意外にも販売にはつながりにくいということだ。

では、最適な選択肢はいくつなのだろうか？　これについても、様々な研究が行なわれている。認知心理学者のジョージ・ミラー氏によると、七プラスマイナス二の範囲が最適といい、心理学者のネルソン・コーワン氏は四プラスマイナス一が最適だという。

いずれにしても、選択肢が増えるほど一つのものを選ぶのが難しくなってしまう。悩んだ末に選んでも、別の選択肢の方がよかったのではないかとついつい考えてしまいがちだ。

投資についても同様で、各種の調査では、初心者が投資に二の足を踏む理由の一つに「種類が多くて、どれを選べばよいかわからないから」ということが挙げられる。

「どれがお薦めですか?」――ハーディング現象に陥る人々

投資対象を選ぶ際、選択肢が多すぎて選べない。あるいは、選ぶ手間は省きたい。このように考える人は少なくない。このような思考を持つ投資家は安易な行動に走る。「どれがお薦めですか?」「ほかの皆さんは何に投資していますか?」などと専門家やアドバイザーに聞いて、自分もそれに乗ろうとする。あるいは、売れ筋ランキングの上位にランクする投信を買ったりする。

このような行動は、一人ではなく群れをなしたいという私たちの心理がもたらす現象で、行動経済学では「ハーディング現象」と呼ばれる。いわゆる群集心理である。多くの人と違う行動を取るよりも、周囲の動きと同調する方が安心感が得られやすいわけだ。

一般的な商品やサービスを買うのであれば、多くの人に評価され売れているものを選ぶのはある意味で合理的だし失敗も少ない。しかし、金融商品に投資する場合は逆だ。多くの人が薦める売れ筋の金融商品を選ぶと、意外にも損することが多いものだ。なぜか？　人気化し多くの人が買うと、その金融商品は値上がりする。すると、結果的に高値づかみになりがちだからだ。やがて、はしごを外されるように急落に巻き込まれ、大損するというパターンだ。

また、このような売れ筋の金融商品は値上がりに至るストーリーがわかりやすく、説得力に富む。たとえば、最近なら新型コロナ関連だ。コロナ禍で多くの人が外出を制限される中、多くの企業や学校、医療機関、あるいは親族、友人などの間でオンラインによるコミュニケーションが爆発的に普及した。オンライン会議、オンライン学習、オンライン診療などに関連する多くの企業の株式が有望視され、株価が短期間のうちに何倍にも高騰した。

たとえば、オンライン会議の象徴的銘柄である、アメリカの「ズーム・ビデオ・コミュニケーションズ社」（Zoom Video Communications, Inc）の株価は大きく上昇し、その後、大きく下落した。パンデミック前の二〇一九年一二月末、同社の株価は七〇ドル程度であったが、感染拡大を受けた同社の爆発的成長を受け、二〇二〇年一〇月には約五六八ドルの高値を付けた。わずか一〇ヵ月で八倍を超える高騰を見せたのだ。

しかし、その後は下落に転じ、本書を執筆している同年一二月時点で約三五〇ドルまで下落している。今度は、わずか二ヵ月で四割近くも下落したのだ。コロナ禍前から同社株を買っていた人ならなお十分な含み益があるが、ブームに乗り高値づかみした人は大きな損失を被りかねない状況だ。

このように、多くの人は誰の目にもわかりやすいキラリと光るものに惹かれやすい。私たちは何かを評価する時、一目でわかるような目立つ特徴に基づいて判断しがちだ。人や事物の一ヵ所が良い印象だと、その人や事物のすべてが良く見えてしまい、本来あるべき評価をゆがめる。これを「ハロー効果」という。たとえば、化粧品のCMなどはハロー効果が威力を発揮する典型例だ。化粧品のCMにはたいていきれいな女優さんが起用され、その化粧品の良さをアピールする。それを見た人に、「私もこの人みたいにきれいになれるかも」と感じて買ってもらうのが化粧品会社の狙いだ。

また、私たちには権威あるものを信頼し、正しいと思い込む傾向がある。これは「権威への服従」と呼ばれる。大学教授や弁護士、医者などの専門家の意見に弱く、盲信してしまうわけだ。こうして「人気女優の○○さんが使っているから」と化粧品を買うように著名な評論家や投資家が薦めている株を買い、失敗する人も少なくない。

「この株は絶対に上がる！」――確証バイアスという思い込み

私たちは、無意識のうちに自分に都合の良い情報ばかりを集めて、反証する情報を集めようとしなかったり無視したりする傾向がある。これは「確証バイアス」と呼ばれる。

確証バイアスについては、次のような実験がある。死刑賛成派と死刑反対派それぞれに、死刑の功罪について慎重に中立性を保ちつつ書かれた同じ論文を読ませ評価させる。すると、賛成派は犯罪抑止効果など死刑のメリットを強調した論文であると評価し、反対派は死刑のデメリットを強調した論文であると評価したという。いずれも自分に都合の良い解釈をし、「やっぱり自分の考えが正しかったのだ」と確信を深めたのだ。

私たちのこのような傾向について、すでに今から約四〇〇年前に哲学者フランシス・ベーコンが次のように述べている。

人間の知性は、一度こうだと考えきめた（それが承認され信じられているので、あるいは自分の気に入るので）からには、他のすべてのことをも、それを支持し、それに合致するようにする。そして反証となる事例のほうが多数で有力であっても、それらの事例を無視したり、軽蔑したり、あるいは区別だてをして除外し排斥したりして、じつに大きい破滅的な損害をきたすのであって、それは、まえにきめた考え方の権威をきずつけられないためである。

（フランシス・ベーコン『ワイド版世界の大思想2―4
学問の進歩／ノヴム・オルガヌム』）

これでは正しい判断ができないのも当然だ。時には、批判的思考を持って（つまり、自分とは反対の考えや意見にも耳を傾け）、確証バイアスにとらわれずに物事を判断することが必要だろう。

人の思考をゆがめ、判断を誤らせる確証バイアスであるが、悪い面ばかりではない。本当はまったく効果のない薬を「効果がある」と思い込んで飲むと症状が良くなる「プラセボ効果」もよく知られている。また、「自分には能力があり、必ず成功する」と思い込み、いわば「カン違いの力」で成功することも少なくない。これらも確証バイアスの例だ。

しかし、投資についてはこのような思い込みは非常に危険だ。購入を検討している、あるいはすでに保有している銘柄の株価が上がるという思い込みが強すぎると、確証バイアスの罠にはまる。株価下落につながるネガティブな情報は無視し、株価上昇につながるような情報ばかりを集めるようになる。特に、自分の予想が多数派の一人だとより安心する。こうして自分に都合の良い情報を基に、株価が上がるという思い込みをさらに強めるわけだ。

このような状況で株価が下落するのもよくある話で、思い込みの強さからなかなか損切りできず、大きな損失となるパターンも少なくない。

「損失を取り戻せ！　狙うは一発逆転」は破滅への最短ルート

予測が外れ、強い思い込みにより損切りができず、大きな損失を出した人はさらに危険な心理に陥りやすい。大きな損失を出せば、誰だって「損失を取り戻したい」と思う。そこに罠がある。過度にリスク選好を強めてしまうのだ。

元々はわずかな損失さえも恐れてわずかな金額でも利益確定するような慎重な投資家が、損失を抱えた途端、一発逆転を狙ってイチかバチかの賭けに出てしまう。これは「穴馬バイアス」として知られ、競馬でよく表れるものだ。

レースに勝つ確率が低い馬（つまり穴馬）に人気が集まる傾向のことだ。この傾向は、特に最終レースで顕著だという。当日のそれまでのレースで負けが込んでいると、一発逆転を狙い最終レースで穴馬に賭けるわけだ。

結果、ほとんどの場合、さらに損失が膨らむ。穴馬は、勝つ確率が低いのだから当然だ。冷静に考えれば誰でもわかることだが、その渦中にいると客観的に見て確率が低いことに対して、過度な期待を抱いてしまいがちだ。

このような心理は投資においてもよく見られる。大きな損失を出した後、損を取り戻そうと、先物取引や信用取引などで高いレバレッジをかけるなど過剰なリスクを取り、さらに大きな損失を出してしまう例は少なくない。基本的に投資の世界では、安易な一発逆転狙いは破滅への最短ルートであると心得ていただきたい。

利益は小さく、損失は大きく——残念な投資家の「心の癖」とは？

投資において、全戦全勝はあり得ない。どんなに能力の高い人でも儲かることもあれば損することもある。トータルで利益を上げるためには、利益は大きく、損失は小さく収めなければならないのは当然だ。基本的に勝率は関係ない。

一〇回トレードして九勝一敗の勝率九割を叩き出しても、九回分合計の利益が少なく、たった一回の損失が大きければ、トータルで損失になることはある。

一方、一勝九敗で勝率一割であっても九回分合計の損失が小さく一回の利益が大きければ、トータルで利益を出すことは可能だ。

つまり、投資で利益を上げる要諦は「損を小さく抑え、利を大きく伸ばす」（損小利大）ことに尽きる。逆に「損大利小」は最悪の投資行動だが、多くの投資家（というよりもほとんどの投資家）は「損大利小」に陥り、トータルで損失を出しているのが現実だ。

このような投資行動に陥るのは、人間には本来、そのような「心の癖」があるからだ。私たちには多かれ少なかれ、価値関数で示されるように、「得した時の喜びよりも、損した時の悲しみの方が強い」という心理的傾向があるし、双曲割引モデルが示すように、将来よりも目先の利益を優先する「せっかちさ」があるわけだ。そのため、ほとんどの人が「損大利小」の投資行動になるのはある意味では自然なことと言える。

しかし、それでは相場で勝つことはできない。「損大利小」の投資家から、「損小利大」の投資家へと脱皮するにはどうすればよいか？　まずは、「適切な損切りをマスターすること」がその第一歩となろう。「損切り」ができるようになれば、壊滅的な打撃は免れるわけで、投資初心者は卒業と言える。まずはそれを目指したい。

ただし、損切りがマスターできてもほとんどの投資家はやはりトータルで勝てない。実は「利を伸ばす」ことが損切り以上に難しいのだ。多くの人は、株式投資などでちょっと利益が出るとすぐに売ってしまう。相場には上下変動があるから、「もたもたしていると値下がりし、せっかくの利益を取り損なってしまう」……このような心理が働き、すぐに利益を確定したがるものだ。もちろん早めの利益確定が功を奏すこともあるが、いつも早めに利益確定していたら大きな利益を得ることはまずできない。

相場では、ある程度の大きな利益を得ることが非常に大切だ。そう言うと、「自分は大儲けは望まない。年率五%か一〇%くらいで運用できれば十分だ」という声が聞こえてきそうだ。欲張りすぎることのない常識的な考えではある。

しかし、年率五%、一〇%という「控えめな」リターンを毎年コンスタントに上げるのは、プロでも難しいということを多くの人は理解していない。トータルで年率五%、一〇%のリターンを上げるには、個々の投資ではそれをはるかに上回るリターン（たとえば、二〇%、三〇%といった高いリターン）を得なければまず不可能だ。先述の通り、投資において全戦全勝はあり得ず、必ず損失を出すトレードが出るからだ。だからこそ、損切りと同様に「利を伸ばす」ことがとても重要になる。

投資する段階からトータルで高いリターンを狙うのはただの博打だが、個々の投資においては利が乗ったものについてはとことん利を伸ばして行かないと、トータルでは控えめなリターンすら得られないのである。良い意味で、「欲張る」必要があるのだ。まさに、「我慢できる人が成功する」のである。

投資は確率で考える

以上、お読みいただいたように、〝正常な〟人間の心理・思考回路では相場に勝つことはできない。一般的に、人間の思考回路は相場にはまったく適していない。だから、多くのまともな人が相場で勝てないのは至極当然と言えるのだ。

本章の初めに、相場に勝つには「〝正常な〟あなたの心理・思考回路を意識的に変えればよい」とお伝えした。しかし、残念ながら心理や思考回路を完璧にコントロールする決定的な方法はない。それは、揺れ動く心を持つあなたたなら理解できるはずだ。

では、どうすればよいか？　まずはこれまでお伝えしたように、私たちにはどのようなバイアス（偏り）があるのかを知ることだ。的確な投資判断の妨げとなる特定のバイアスをもたらす思い込みや先入観、心理的傾向をしっかりと認識することだ。その上でルールを作り、それに従う。心理や思考回路をコントロールできない以上、確率的に有意な情報に従い機械的に投資判断することが相場の世界で生き残る道だ。

つまり、投資は確率で考えるということである。私たちは、特定のことが起きる確率を自分の主観や感覚でゆがめてしまう。たとえば、ルーレットで赤か黒が出る確率を考えてみよう。答えは簡単、当然二分の一だ。

ところが、一〇回連続で赤が出たりすると、「さすがに、そろそろ黒が出るだろう」と思う人は少なくない。ルーレットは一回一回が独立したゲームだから、それまでの結果が次の結果に影響を与えることはないのだが、赤が連続して出たことで、次に黒が出る確率を勝手に高く見積もってしまうわけだ。これは「ギャンブラーの誤謬《ごびゅう》」と言われる。

身近な例では宝くじもそうだ。高額当選の確率が圧倒的に低いことは誰もが知っているが、「一等、〇億円」などと聞くと、「誰かは必ず当たるわけだし、もしかしたら自分が当たるかも」と高額当選の確率を実際よりも高く見積もってしまう。当選金額にもよるが、宝くじの一等の当選確率は一〇〇〇万分の一程度だという。俗に、「夢を買う」とも言われる宝くじを全面的に否定するのも野暮な話だが、「確率で考える」という投資的観点からすると、宝くじを買うのは愚の骨頂ということになる。

とにかく、主観や感覚ではなく計算によりはじき出した確率に基づき、「損切り」や「益出し」をはじめ売買ルールを決め、機械的に投資判断することだ。それができるようになれば、「残念な投資家」を卒業し、「勝ち組投資家」への道が開けることだろう。

第四章

勝率九八％の驚くべき「ＫＡＩシステム」

——投資は〈確率〉で考える

トレードのルールを新聞に公表したとしても、誰もその通りにやらないだろう。どんな悪い状況でも自信を持ってトレード・ルールに従ってやることだ。トレードについて最も考えたくない時、つまり損をしている時こそ、最もトレードに注意を集中しなければならない時だ。自分の資金の日々の増減に振り回されてはいけない。

（リチャード・デニス）

川上明氏の長年の夢――「限りなく一〇〇%に近い売買判断」

この本の共著者の一人である川上明氏は、シンガポール在住で「カギ足」という分析手法を使ったアナリストである。「カギ足」とは、一八七〇年代の日本で考案されたテクニカル分析で、「ローソク足」に代表される株価チャートの多くが「時系列指標」なのに対し、「カギ足」は「非時系列指標」だ。

「時間」という概念を除き、「価格」（値動き）のみでチャートを描く。「カギ足チャート」の横軸（一般的なチャートにおける時系列）に意味はない、というのがカギ足の最大の特徴だ。

日本で考案されたカギ足はほとんど知られておらず、ローソク足のように決してメジャーな分析ツールとは言えない。読者の中には「初めて聞いた」という人も多くいることだろう。そんなマイナーなカギ足を熱心に研究してきたのが川上氏だ。

損保系の機関投資家を経て、現在はヘッジファンド・マネージャーとして活躍する川上氏は、学生の頃に出会ったカギ足の魅力に取りつかれ、その後はカギ足の研究をライフワークとしている。今でも、数百もの株価のカギ足を手書きで描く、というほどの熱意の持ち主だ。

ところで、カギ足は終値を使用して縦軸に株価を取るが、株価が上昇している間は線を上へ継ぎ足しⒶ、一定以上の株価の下落があった場合、初めて横軸を引いて次の列に移りⒷ、下がったところまで線（陰線）を引くⒸ。同様に株価が下落している間は線を下に継ぎ足しⒹ、一定幅以上の株価の上昇があった場合、横線を引いて次の列へ移りⒺ、上がったところまで線（陽線）を引くⒻ。

陽線を描くにも陰線を描くにも、自分が決めた値幅（率）に届かない場合は線を継ぎ足さない。それゆえ線を引く際の値幅（率）をどう決めるかが重要になる。カギ足は人によって異なるチャートとなり、出現する売買サインも微妙に変わってくる。だからこそ面白く、研究したくなるのだ。そんなカギ足を研究し続けてきた川上氏は、カギ足を「勝率七割以上と言えるの秘伝のチャート」

カギ足チャートの画き方

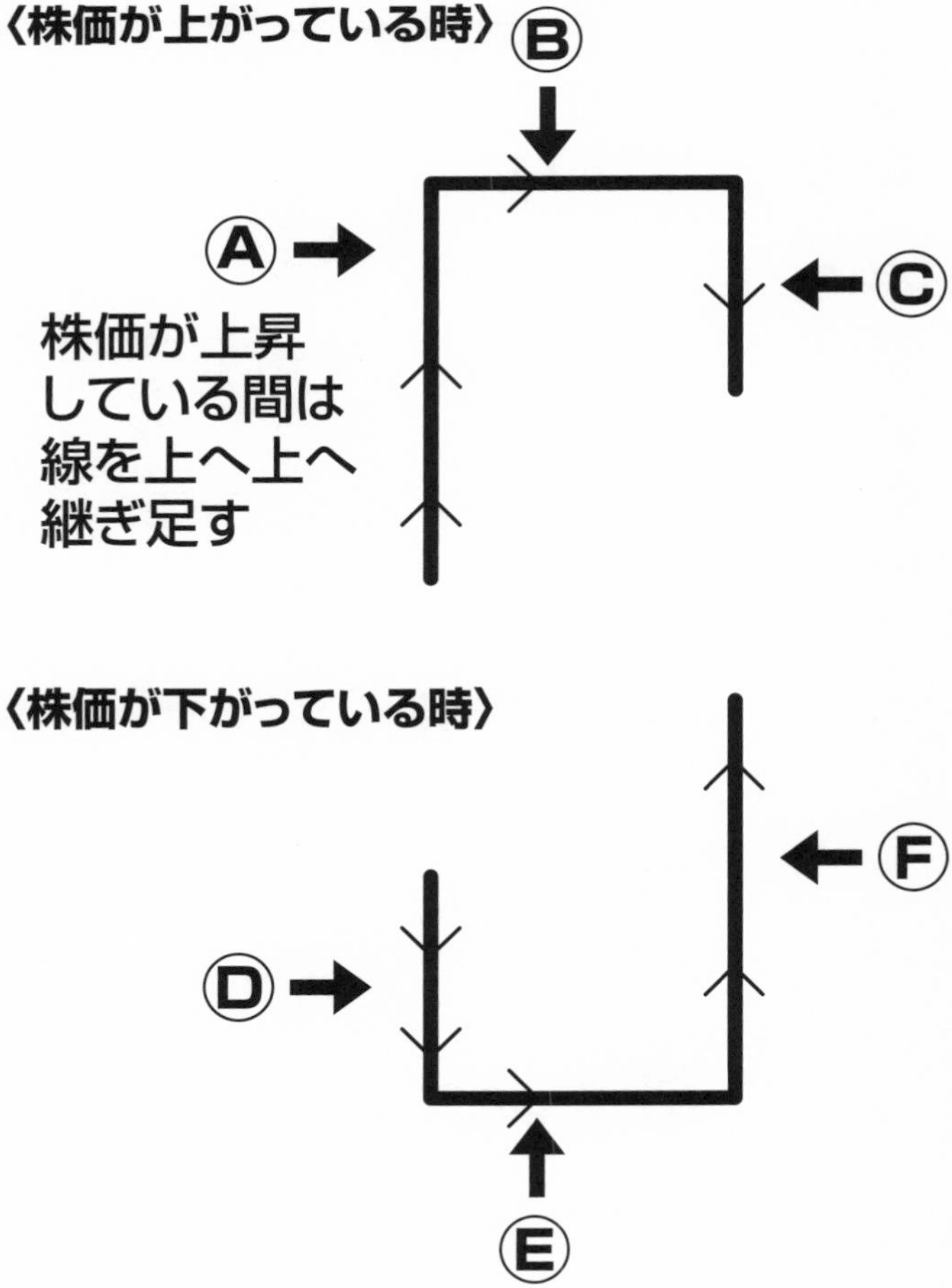

と呼ぶ。そしてここ数年、川上氏はそのカギ足に加えて、「確率的有意なテクニカル分析」（継続的に実行することでより儲かる分析手法）を複合的に利用した「自動売買システム」の構築に取り組んでいる。独自の壮大な、〝夢〟をかなえるためにだ。

時折、川上氏は私にその夢を熱く語る。それは「勝率が限りなく一〇〇％に近い売買判断は必ず存在し、それを自身で発見（開発）する」というものだ。そんなものが完成すればまさに夢物語だが、投資の世界に「一〇〇％」（絶対に儲かる）は存在しない。「ゼロリスク」は、詐欺の典型だ。しかし、川上氏は「一〇〇％に限りなく近い」判断システムであれば、必ず存在すると自信をのぞかせる。カギ足と確率的有意なテクニカル分析を、複合的に利用すればできるというのだ。

そこで川上氏は、第二の人生をその判断システムの構築に捧げることを決めたという。そして数年前、満を持して開発に取り組み始めた。同氏は早稲田大学理工学部の出身だけあって、コンピュータのエンジニアリング（ソフトウェアの開発）にも精通しているが、今回は後輩の生え抜きエンジニア「O氏」を開発チームに迎え入れている。また、最終的にはＡＩ（人工知能）を搭載させる予定のため、数値計算と画像処理用半導体（ＧＰＵ）のスペシャリストも採用する予定だという。

そして驚くべきことに、そのような売買判断システムがいくつか完成しつつある。川上氏は、そのシステムの総称を「ＫＡＩ（解）」と名付けた。そこには決して答えがない相場をなんとしてでも「解く」という願いや、「カギ足」（ＫＡＧＩ）と「人工知能」（ＡＩ）を組み合わせた判断システムにするという意味が込められている。

第三章でも述べたが、基本的に人間の思考回路では相場では勝てない。ほとんどの人が相場で勝てないことが、その裏付けだ。「人の行く裏に道あり花の山」という格言はまさにそのことを表している。人は、とかく群集心理で動きがちだ。いわゆる付和雷同である。ところが、それでは大きな成功は得られない。むしろ、他人とは反対のことをやった方がうまく行く場合が多いと、この格言は説いている。

断言するが、大多数の意見を参考にしながら自分の頭だけで考え投資の判断をするやり方では、基本的に相場の世界で生きて行けない。では、人とは違う道とは何か。その答えの一つが、「一切の心理を排し、優れた判断システムに従って機械的に投資判断する」ことだと言えよう。だからこそ、優れた判断システムの開発が必須なのだ。

優れた判断システムに成り得るためには、以下の二点の条件を満たさなければならない。
・客観的かつ一貫した判断を行なっている。
・過去においても期待する収益を得ている。
川上氏は「ＫＡＩシステム」に採用するためのより具体的な条件として、「確率的有意」を挙げた。川上氏が定義する確率的有意とは、個別銘柄の場合は「一九九〇年からの取引回数が一〇〇回以上あり、勝率八〇％以上」。日経平均株価など指数（インデックス）の場合は、「一九九〇年からの取引回数が二〇回以上あり、勝率八〇%以上」。すなわち、開発したシステムが「確率的有意」に該当すれば「KAIシステム」に組み込む。

そして早くも川上氏とO氏は、これらの条件と合致したとして現在までに「KAIシステム」に一〇本もの判断システムを採用した。もちろん、それまでにボツになったシステムも数多くある。ちなみに、現在の対象は「日経平均株価」と「TOPIX」、そして「日本に上場するすべての個別銘柄」だ。これを将来的には、「米国株」や「中国株」、さらには「債券」や「為替」「商品」を対象に含めることを目標としている。

川上氏とO氏は日本株の過去のデータを遡り、様々なテクニカル分析を当てはめてきた。たとえば、「三空叩き込み」(投売りの最終局面に見られるパターンの一つ。下落して三回連続で窓を開けた形で買い転換を表すとされる)を例に挙げよう。

まず、日本株全銘柄を対象に一九九〇〜二〇一四年末までに起こったすべての「三空叩き込み」を抽出する。その間、仮に三〇〇通りの「三空叩き込み」

が発生していたとしよう。それをすべて解析し、実際に反騰した確率（勝率）を導く。その勝率が八〇％以上なら「ＫＡＩシステム」に採用するという流れだ。

ただし個別銘柄を対象にした場合、発生頻度があまりに少ないケースは採用しない。同時に「どれくらい上がった時点で利益確定すればよいか」「どれくらい下がったら損切りした方がよいか」という点も探る。この「利確ライン」と「損切りライン」の設定が極めて難しい。これらを少し変えるだけで、勝率などにも大きな影響が出てくるからだ。

こうした作業を、延々とやり続ける。当然、これらを手作業でやるのは至難の業だ。そこは、生え抜きのエンジニアＯ氏の腕の見せどころである。彼の手にかかれば、それらを最適かつ最速で抽出することが可能なのだ。ちなみにＯ氏は、中国で政府系インフラのシステムを担ってきた経歴を持つ。

こうして、「確率的有意」に該当する複数の判断システムが完成したというわけだ。次項からは、そのうちのいくつかを紹介したい。

日経平均の大きなトレンドを狙う「T1」システム

こうした経緯を経て最初にリリースされたのが、日経平均を対象とした「T1」という判断システムだ。この「T1」の特徴は「数年に一回しか出ない日経平均の大きなトレンドを捉《とら》える」といったもので、巨額の資金を扱うヘッジファンド（グローバル・マクロ）などの機関投資家にとって極めて有益な情報を与えてくれる。

システム構築の前提は、「よく知られたテクニカル指標（単体）は、儲からない」だ。近年は、インターネットやネット証券会社などが提供する売買ツール（スマートフォンのアプリなどがよい例だ）を使えば、ありとあらゆるテクニカル指標がクリック一つで誰でも見ることが可能となっている。

こうしたよく知られた（言い換えると多くの人が使っている）テクニカル指標を使っても、相場で勝つのは難しい。より正確を期すと、こうしたテクニカル指標を駆使した場合、相場で勝ち続けることも負け続けることもできないのだ。そこで「T1」システムでは、以下の一五のテクニカル指標を使う。

・ストキャスティクス
・RSI
・%Rオシレーター
・移動平均線カイリ
・DMI
・ゴールデンクロス、デッドクロス
・MACD
・パラボリック
・ピボット
・ボリンジャー・バンド
・モメンタム
・一目均衡表（雲抜け）

・一目均衡表（基準転換）
・一目均衡表（遅行）
・新値三本足
この一五のテクニカル指標を基に、以下の売買判断のルールを適用する。
・「勝ち続けた」あるいは「負け続けた」指標を抽出。
・勝ち続けた指標のサインと反対のポジションを「一定期間」持つ。
・負け続けた指標のサインと同じポジションを「一定期間」持つ。
・毎月、採用された指標に等金額振り分ける。
・「勝ち続けた」「負け続けた」「一定期間」「ロスカット率」の基準は指標ごとに最適な値を計算。
そして、以下が「T1」の過去の模擬売買の結果だ。

「T1」過去の模擬売買の結果

対象商品：日経平均
期　　間：二〇一〇年一月～二〇一八年一二月

年複利収益率：二六・〇六％
シャープレシオ：一・三二
最大ドローダウン：一二・七六％

私たちはこの判断システムを使って、二〇一九年一一月から実際に日経平均先物で運用してみた。その結果、二〇二〇年三月のコロナショックでは「売り」で月次リターン三五・九三％を計上している。二〇二〇年一〇月末までの年率リターンは、三六・九九％と上出来だ。

その後は現在まで売買サインが出ておらず、二〇二〇年一一月から現在までのリターンはゼロとなっている。前述したように、「T1」のシグナルは数年に一度くらいの頻度でしか発出されないのだ。

川上氏は、日経平均株価など指数（インデックス）における確率的有意を「一九九〇年からの取引回数が二〇回以上あり、勝率八〇％以上」と定義しているが、デイトレーダーなどからしたらこの頻度では退屈に感じるかもしれない。

しかし、相場というのは年がら年中やればよいというものではないのも事実。

他人の資金を扱うヘッジファンド・マネージャーなどは、顧客から「月次のリターン」を要求されるのでそれこそ頻繁に取引しなくてはならない。そうした縛りがなく「待つ能力」がある投資家は、こうした「発生頻度は低いが確実性が高い大きなトレンド」を利用してがっぽり稼ぐというのも妙案であろう。

もし、大きな資金があり、なおかつ待つ能力がある投資家にとっては、流動性が極めて高く個別銘柄に比べて投じられる資金も格段に大きい日経平均の大きなトレンドを捉《とら》えるという投資法は、とても有用だ。投資効率の良い「日経平均オプション」（指数を対象とした金融派生商品）に活用するのもよいだろう。

ちなみには「ＫＡＩシステム」のスタンスは、個別銘柄を対象とした発生頻度の高い判断システムでも稼ぎ、指数を対象とした数年に一度しか出ないような大きな波でも稼ぐというものだ。そこで、個別銘柄を対象とした発生頻度の高い判断システムについてもいくつか紹介したい。

システムとは

売買判断のイメージ

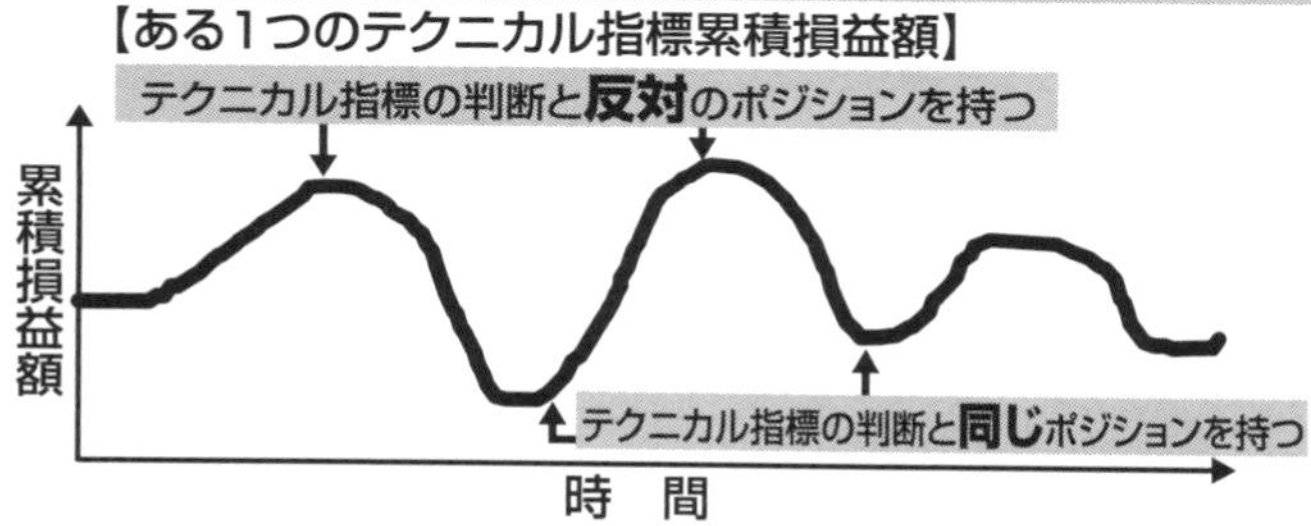

使用するテクニカル指標

・ストキャスティクス
・%Rオシレーター
・DMI
・MACD
・ピボット
・モメンタム
・一目均衡表（基準転換）
・新値３本足
・RSI
・移動平均線カイリ
・ゴールデンクロス、デッドクロス
・パラボリック
・ボリンジャー・バンド
・一目均衡表（雲抜け）
・一目均衡表（遅行）

売買判断のルール

・テクニカル15指標の中から「勝ち続けた」あるいは「負け続けた」指標を抽出。
・勝ち続けた指標のサインと反対のポジションを「一定期間」持つ。
・毎月、採用された指標に等金額振り分ける。
・「勝ち続けた」「負け続けた」「一定期間」「ロスカット率」の基準は、各指標ごとに、最適な値を計算。

「T1」

実際のパフォーマンス(2019年11月~)

(10,000スタート)

2019年	11月	9,656	▲3.45%
	12月	10,168	5.30%
2020年	1月	10,213	0.44%
	2月	10,999	7.70%
	3月	14,951	35.93%
	4月	13,699	▲8.37%
	5月	13,699	0.00%
	6月	13,699	0.00%
	7月	13,699	0.00%
	8月	13,699	0.00%
	9月	13,699	0.00%
	10月	13,699	0.00%

日経平均先物で運用

【参考】
過去の模擬売買結果

■対象商品:日経平均
■期間:
2010年1月~
2018年12月
■年複利収益率:
26.06%
■シャープレシオ:
1.32
■最大ドローダウン:
12.76%

システム構築の前提

(よく知られた)
テクニカル指標は、儲からない!!

➡ 負け続けることも
勝ち続けることもない

急騰→反落→その後のリバウンドを狙う「T8」システム

次に紹介するのが、上場する日本株全銘柄を対象とした「T8」システムだ。「T8」の戦略を端的に説明すると、ある銘柄が急騰しその後に反落、そしてさらにその後のリバウンド（反騰）を狙うというもの。

川上氏のより具体的な説明を加えよう。ある銘柄が急騰すると、利益確定に押され急落する局面が往々にしてあるが、出遅れ組の押し目が入りやすい。すなわち、急騰から反落の際には一度目の急騰の際に買い逃した投資家の買いが入りやすいということだ。過去の傾向からしても、一旦上昇相場に入った銘柄が1波動（上昇①調整①）で終わる可能性は低い。急騰した銘柄が一〇あるとすれば、1波動で終わるのは三銘柄くらいだ。すなわち、およそ七割の確率でさらなるリバウンドが期待できる。そして、リバウンド相場は早く動くことが多いため投資効率がよい。デイトレーダーなどの個人投資家にとっては、うっ

基本は3段上げ2段下げ

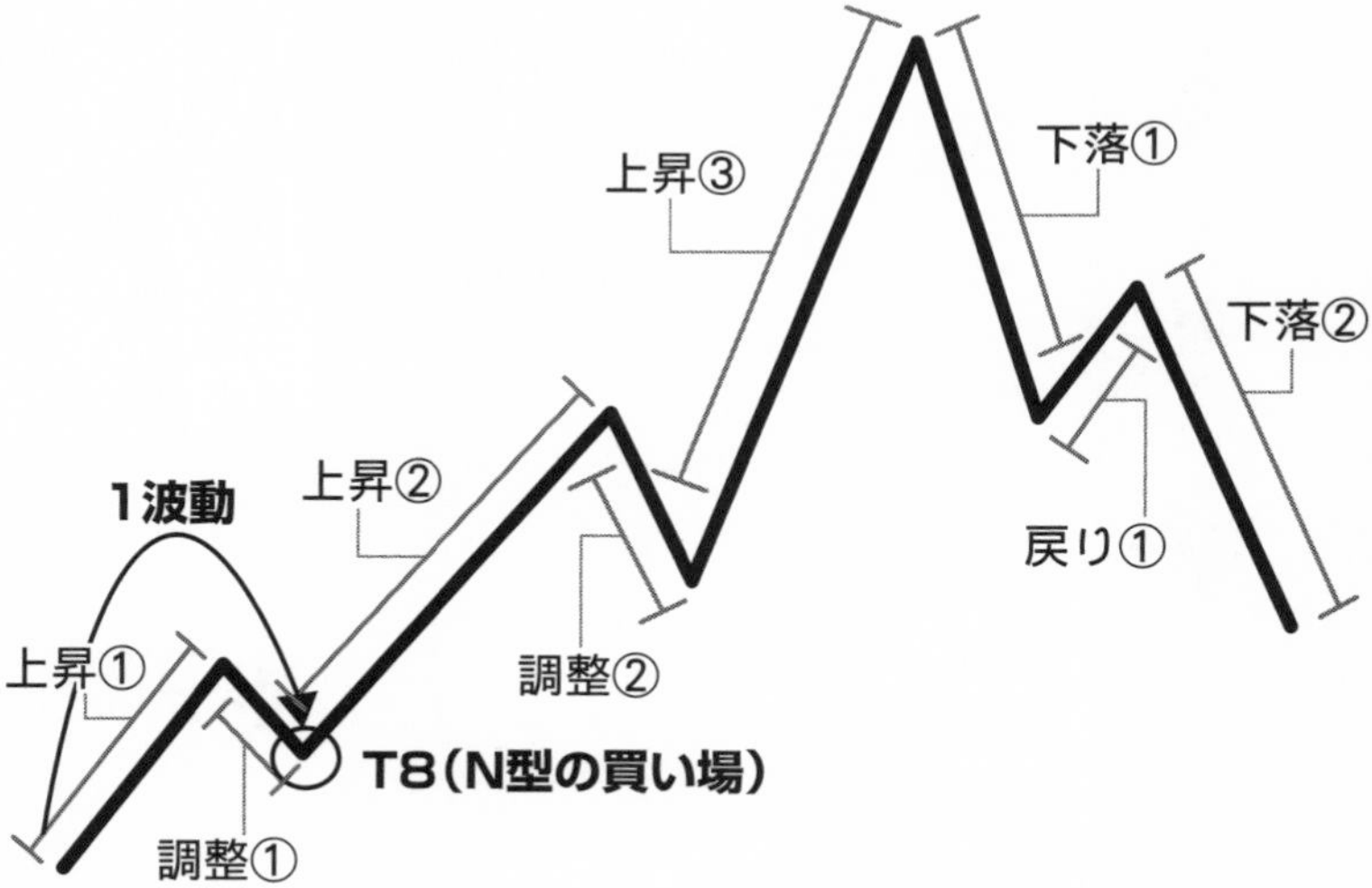

上昇：相場が上昇トレンドの中にある時の上昇波動。
調整：相場が上昇トレンドの中にある時の下落波動。
下落：相場が下降トレンドの中にある時の下落波動。
戻り：相場が下降トレンドの中にある時の上昇波動。

てつけの戦略と言える。

川上氏とエンジニアO氏は、一九九〇～二〇一四年末までのデータを使ってパラメータ（変数）を決定し、二〇一五年一月四日～二〇二〇年五月二〇日までの期間で模擬売買した。

「T8」模擬売買の売買ルール

購入時＝急騰後、二六週移動平均線まで下落したら翌日の寄り付きで買う。

売却時＝購入価格から一〇％上昇したら売り。購入価格から一〇％上昇しなくても、六ヵ月後には売り。結果は以下の通り。

対象商品：日本株全銘柄
期間：二〇一五年一月四日～二〇二〇年五月二〇日
勝率：八八・九〇％
取引回数：一八〇回
一取引あたりの利益：五・四四円（投資額一〇〇円）
平均保有日数：三一・七一日（一取引あたり）

「T8」（N型）システムとは

パフォーマンス

■対象商品: 日本株全銘柄
■運用期間: 2015年1月4日〜2020年5月20日
■勝率: 88.90%
■取引回数: 180回
■1取引当たりの利益: 5.44円（投資額100円）
■平均保有日数（1取引当たり）: 31.71日

売買ルール

【購入ルール】
・急騰後、26週移動平均線まで下落したら翌日の寄り付きで買う。

【売却ルール】
・購入価格から10%上昇したら売り。
・購入価格から10%上昇しなくても、6ヵ月後には売り。

N型のなぜ

・急騰後、利益確定に押され急落する局面が往々にしてあるが、出遅れ組の押し目買いが入りやすい。

・一旦、上昇相場入りした場合、1波動（上昇①調整①）で終わる可能性は低い（1波動で終わるのは10回に3回くらい）。

・リバウンド相場は比較的早く動く（投資効率が良い）。

「T8」の勝率は、九割弱と極めて高い。仮に、一取引に一〇〇万円ずつ投じたとすれば、期間中の利益は単純計算で九七九万二〇〇〇円となる。正確を期すと、銘柄ごとに出来高が異なるため一回の取引に必ず一〇〇万円を投じられるわけではない。これは、あくまでもシミュレーションだ。

また、取引が重なることもあるので（一つの銘柄を保有中に別の銘柄でシグナルが出る可能性もあるため）、一〇〇万円きっかりの元手では「T8」を実践できない。少なくとも一〇〇〇万円くらいの元手が必要になる。模擬売買では一〇〇〇万円の元手が五年半でほぼ倍になったわけだが、年率リターン（期間平均）に換算すると二〇％弱といった具合だ。かなり優秀と言えるだろう。

限りなく一〇〇％に近い「T14」「T16」システム

「KAIシステム」の中には、川上氏が夢見た「（勝率が）限りなく一〇〇％に近い」判断システムもある。それが「T14」と「T16」システムだ。これらの戦略は至ってシンプルで、簡単に言うと「相当にまれな暴落の後に買う」というもの。

「T14」はある銘柄が急落後に連続して「下ヒゲ」（ローソク足において、実体の下の棒線を下ヒゲという。ただし、ここにおける下ヒゲとは実体と上ヒゲを足した長さより長い下ヒゲとする）を形成したら翌日の寄り付きで買うというシンプルな戦略だ。そして「T16」は、三連続で「下ヒゲ」を付けた場合に翌日の寄り付きで買う。

以下がそれぞれの売買ルールと結果だ。ちなみに、「T8」と同じく一九九〇～二〇一四年末までのデータを使ってパラメータ（変数）を決定し、二〇一五年一月四日～二〇二〇年五月二〇日までの期間で模擬売買している。

「T14」模擬売買の売買ルール

購入時＝急落後、連続して下ヒゲが形成されたら、翌日の寄り付きで買う。

売却時＝購入価格から一〇％上昇したら売り。購入価格から一〇％上昇しなくても、六カ月後には売り。

対象商品：日本株全銘柄
期間：二〇一五年一月四日～二〇二〇年六月一九日
勝率：九八・五八％
取引回数：二一二回
一取引あたりの利益：九・〇五円（投資額一〇〇円）
平均保有日数：一八・七八日（一取引あたり）

「T16」模擬売買の売買ルール

購入時＝急落後、三連続して下ヒゲが形成されたら、翌日の寄り付きで買う。
売却時＝購入価格から一〇％上昇したら売り。購入価格から一〇％上昇しなくても、六ヵ月後には売り。

対象商品：日本株全銘柄
期間：二〇一五年一月四日～二〇二〇年六月一九日
勝率：一〇〇％
取引回数：七二回

一取引あたりの利益：九・九三円（投資額一〇〇円）
平均保有日数：一七・四二日（一取引あたり）

皆さん、勝率を見て驚いたことだろう。「T14」は九八・五八%と一〇〇%に限りなく近く、「T16」に至っては一〇〇%だ。「本当にそんなことあるのか？」と訝《いぶか》しく思うかもしれないが、期間中（二〇一五年一月四日～二〇二〇年六月一九日）は本当に百発百中の成績を記録している。

ただし、今までが一〇〇%だったからといって、この先も未来永劫一〇〇%だということ保証することにはならない。期間が長くなれば、勝率は落ちるだろう。ただし、それでも「T14」と「T16」が長きにわたって「限りなく一〇〇%に近い」判断システムであり続けることは十分にあり得る。

まさに「夢の投資ノウハウ」と思うかもしれないが、あまり大きな額は運用できない可能性が高いという点に留意が必要だ。「T14」や「T16」の条件に合致する「相当にまれな暴落」は、往々にして出来高の少ない小型株で起こる。誰もが想像が付く企業の株では起こりづらいのだ。出来高が少ないということ

「T14」(連続下ヒゲ)システムとは

パフォーマンス

■対象商品: 日本株全銘柄
■運用期間: 2015年1月4日～2020年6月19日
■勝率: 98.58%
■取引回数: 212回
■1取引当たりの利益: 9.05円(投資額100円)
■平均保有日数: 18.78日

売買ルール

【購入ルール】
・急騰後、連続して“下ヒゲ”が形成されたら、翌日の寄り付きで買う。

【売却ルール】
・購入価格から10%上昇したら売り。
・購入価格から10%上昇しなくても、6ヵ月後には売り。

下ヒゲとは

・ローソク足において、実体の下の棒線を“下ヒゲ”と言いますが、ここにおける“下ヒゲ”とは、“実体”と“上ヒゲ”を足した長さより長い“下ヒゲ”を言います。

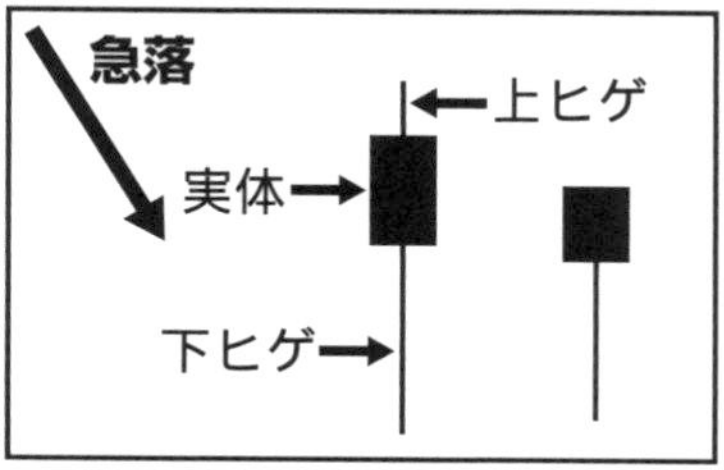

「T16」（3連続下ヒゲ）システムとは

パフォーマンス

■対象商品: 日本株全銘柄
■運用期間: 2015年1月4日～2020年6月19日
■勝率: 100.00%
■取引回数: 72回
■1取引当たりの利益: 9.93円（投資額100円）
■平均保有日数: 17.42日

売買ルール

【購入ルール】
・急騰後、3連続して“下ヒゲ”が形成されたら、翌日の寄り付きで買う。

【売却ルール】
・購入価格から10％上昇したら売り。
・購入価格から10％上昇しなくても、6ヵ月後には売り。

下ヒゲとは

・ローソク足において、実体の下の棒線を“下ヒゲ”と言いますが、ここにおける“下ヒゲ”とは、“実体”と“上ヒゲ”を足した長さより長い“下ヒゲ”を言います。

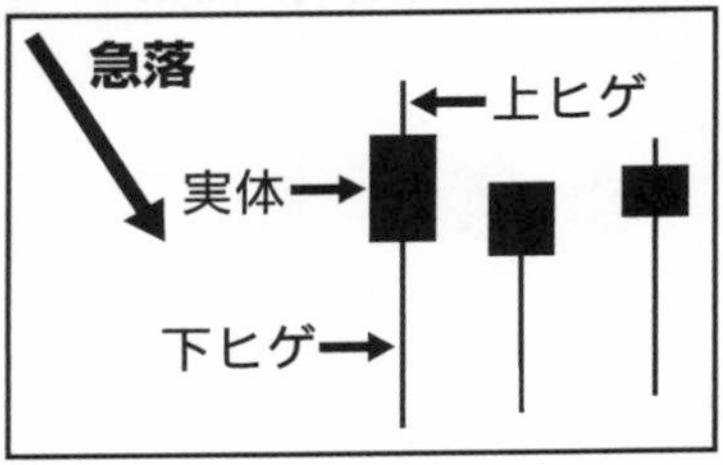

は、大金を投じようにもできないことがある。たとえば、「T14」と「T16」の一回あたりの取引に数億円を投じようとしても、できない恐れが高い。

川上氏とO氏は、この戦略をより出来高の多い市場（たとえば為替や商品など）でも活用できないか研究している。仮に、極めて出来高の多い市場でこの戦略を再現できるようになれば、それはまさに「夢の投資ノウハウの誕生」にほかならない。川上氏とO氏のさらなる研究に、乞うご期待である。

「KAIシステム」の情報を得るには？

さて、ここまで「KAIシステム」の三通りの戦略を紹介してきたが、川上氏に言わせると「現時点のKAIは未完の中の未完」だという。最大の課題は、資本である。優秀なプログラマー、データベースの構築と管理、高性能のコンピュータ、そのどれを用意するにも資本が必要だ。

そもそも論として、売買判断の精度向上と効率化に終わりはなく、彼は永遠の開発を誓っている。いずれはＡＩ（人工知能）の導入、さらには行動経済学や神経経済学などもシステム化したいという。すべては、「限りなく一〇〇％に近い判断システム」という夢をかなえるためだ。

当然と言えば当然だが、川上氏はこの「ＫＡＩシステム」を極めて少数の間でのみ共有し、将来的には世界トップクラスの運用集団を作るという野望を持つ。そして私と川上氏とで話し合った結果、「ＫＡＩシステム」が発するすべてのシグナルを提供するのは無理だが、厳選した情報であれば皆さんにも提供できるということになった。もちろん、対象とする銘柄の出来高などを勘案し、提供する人数には限度を設ける。具体的には、新たに発足する「ボロ株クラブ」「㊙（まるひ）株情報クラブ」のメンバーにのみ提供するつもりだ（「ボロ株クラブ」「㊙株情報クラブ」については巻末をご覧いただきたい）。

第五章　二〇二〇年代の大どんでん返し

——度肝を抜く二つのびっくり予想

日本円は捨てられる。デフレの時代であれば、キャッシュは持っているだけでドンドン価値を生んできた。でもそれは日本政府の保証があるという「おカネ」。ヘタをすると、こんなにリスクのあるものはない。

日本政府の信用をバックにしたものからはなるべく逃避した方がいい。

日本円じゃないものに資産を逃避させるという考え方がものすごく大事。

日本国がベースになっているものは、とりあえずはずせ、ということ。

国債なんて論外。日本円の紙幣を持つのもなるべく必要最小限にした方がよい。

日本という国は信用しない方がいい…

（松井道夫）

米国株の〝死〟、日本株に〝光〟

二〇二〇年代に米国株が「失われた一〇年」に突入する――今、そんな予想を言っても誰も信じないだろう。ご存じの通り、二〇〇八年のリーマン・ショック以降、米国株は多少の紆余曲折はあったものの、ほぼ一貫した上昇を演じてきた。中でもアップルや「ＦＡＮＧ」（フェイスブック、アマゾン、ネットフリックス、グーグル）に代表される「ＩＣＴ（情報通信産業）銘柄」の勢いについては知っての通りだろう。ＩＣＴ銘柄には、常にバブル疑惑が付きまとってきたが、現状はそうした懸念は杞憂に終わっている。

現在のアメリカのＧＤＰ（国内総生産）が世界全体に占める割合は二二～二四％だが、米金融サービス企業ＭＳＣＩの世界株式インデックスによると、二〇二〇年一〇月時点で米国株が世界の株式市場に占める割合は六五％にまで高まった。

ブルームバーグが二〇二〇年一〇月時点でまとめたデータによれば、世界最大の株式市場はアメリカで三八兆三〇〇〇億ドル規模。二位は中国の一〇兆四〇〇億ドル。三位は日本の六兆二〇〇〇億ドル。四位は香港の五兆九〇〇〇億ドル。五位はイギリスの二兆八〇〇〇億ドルとなっている。

アメリカの経済規模（ＧＤＰ）と株式時価総額の世界に占める割合の対比は、明らかに不釣り合いだ。株式時価総額が極めて異様な水準にまで乖離してしまっており、これは日本の株式市場の時価総額がアメリカをはるかに上回った一九八〇年代を彷彿とさせる。

前出の川上明氏も、「米国株はバブルの最終局面にある」というスタンスだ。目先のバブルがどこまで膨らむかについては見当も付かないが、どこかの時点でこれが弾ければ、日本株が味わったことと同じように「失われた一〇～二〇年」に突入すると断言する。そして、今度は日本株が隆盛する番だというのだ。川上氏によると、長期的に見れば「米国株と日本株は完全に逆相関関係」にあるのだという。すなわち、米国株が光り輝いている間は日本株にとって冬の時

各国の株式時価総額

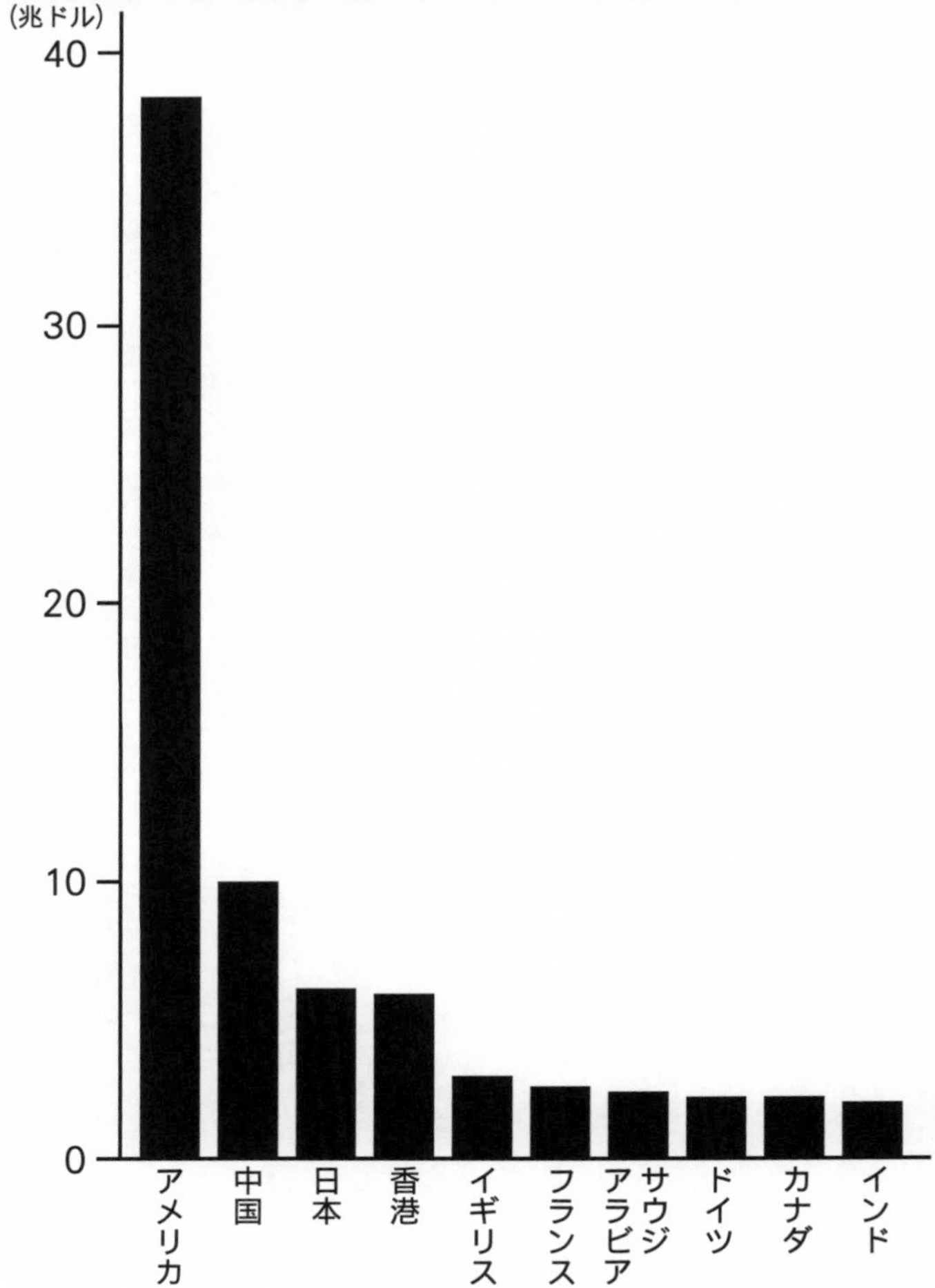

ブルームバーグのデータを基に作成

代となり、まさにそれが逆転するタイミングにさしかかっているわけだ。

これに対し、大多数の投資家は米国株に「永遠のブル」（強気）を見出している。その最大の根拠は、「過去、米国株が長期にわたって上がってきた」という実績そのものだ。

史上初めてニューヨークダウが三万ドルを突破した二〇二〇年一一月二四日の翌日、ウォール・ストリート・ジャーナルは米国株が活況を呈している理由として、投資家が以下の戦術を駆使している点を挙げている。それは、「とにかく買う」という至ってシンプルなものだ。

一、現金を抱え込んで市場に背を向けてはいけない。

一、投資を手放すな、リターンはいずれ付いてくる。

一、危機の発生は買いの好機。

記事は、この「とにかく買う」という至ってシンプルな戦略は金融危機で底値を付けた二〇〇九年三月頃やリセッション（景気後退）懸念が強まった二〇一一年、二〇一五年、二〇一八年に株式を積み増した投資家に大きな利益をもたらしたと伝えた。そして今回のコロナショックでは、資産運用のプロだけでなく個人投資家もこの「とにかく買う」という戦術を駆使していると分析する。

そもそも、（これは米国株に限ったことではないが）株には長期ロング（買い）で臨むのが有利だ。その辺の事情をロイター（二〇二〇年一二月四日付）が説明している――「株式市場は、しばしば万年強気と言われる。長い目でみれば、これまで上昇基調を維持してきた『実績』もさることながら、ロング（買い）の方が戦略的に有利だということも、その一つの要因だ。株価一〇〇〇円の銘柄がゼロ円になれば損失は一〇〇〇円だが、一万円になれば九〇〇〇円のプラスになる。損失は限定的だが利益は理論上無限大だ。また、株を買っておけば、配当や株主優待ももらえる」。

こうした事情に加えて、株価に比べて圧倒的に「割高な債券」、中央銀行による「カネ余り」、さらには「ハイテク神話」といった複数の要素がプロや個人に関係なく投資家たちの「株は永遠にブル（上昇）」という姿勢にお墨付きを与えているのだ。

米国債券と株価の長期上昇トレンドの終焉

こうした状況下で「米国株の死」を予想するには勇気がいるが、上述した理由で「今回は違う」（今回の米国株はバブルではない）という楽観的な言説が流布され始めている点は大いに気がかりである。

偉大な投資家ジョン・テンプルトンが言うまでもなく、いつの時代もバブル最盛期には「今回は違う」（バブルではない）と皆が現状の株高を正当化しようとするのだ。まさに、一九八〇年代末の日本株を巡る言説（楽観論）とそっくりである。こうした流行文句には、相当な注意が必要だ。

興味深いことに、著名投資家のマーク・ファーバー氏も同様の見解を持っている。ファーバー氏は近年、アメリカで過去四〇年にわたって続いてきた資産インフレの時代がいよいよ終焉に向かっているとの警告をたびたび発してきた。

一六五ページのチャートを見れば一目瞭然だが、長期的な視点に立つと一〇

ラッセル3000と10年米国債満期金利長期チャート

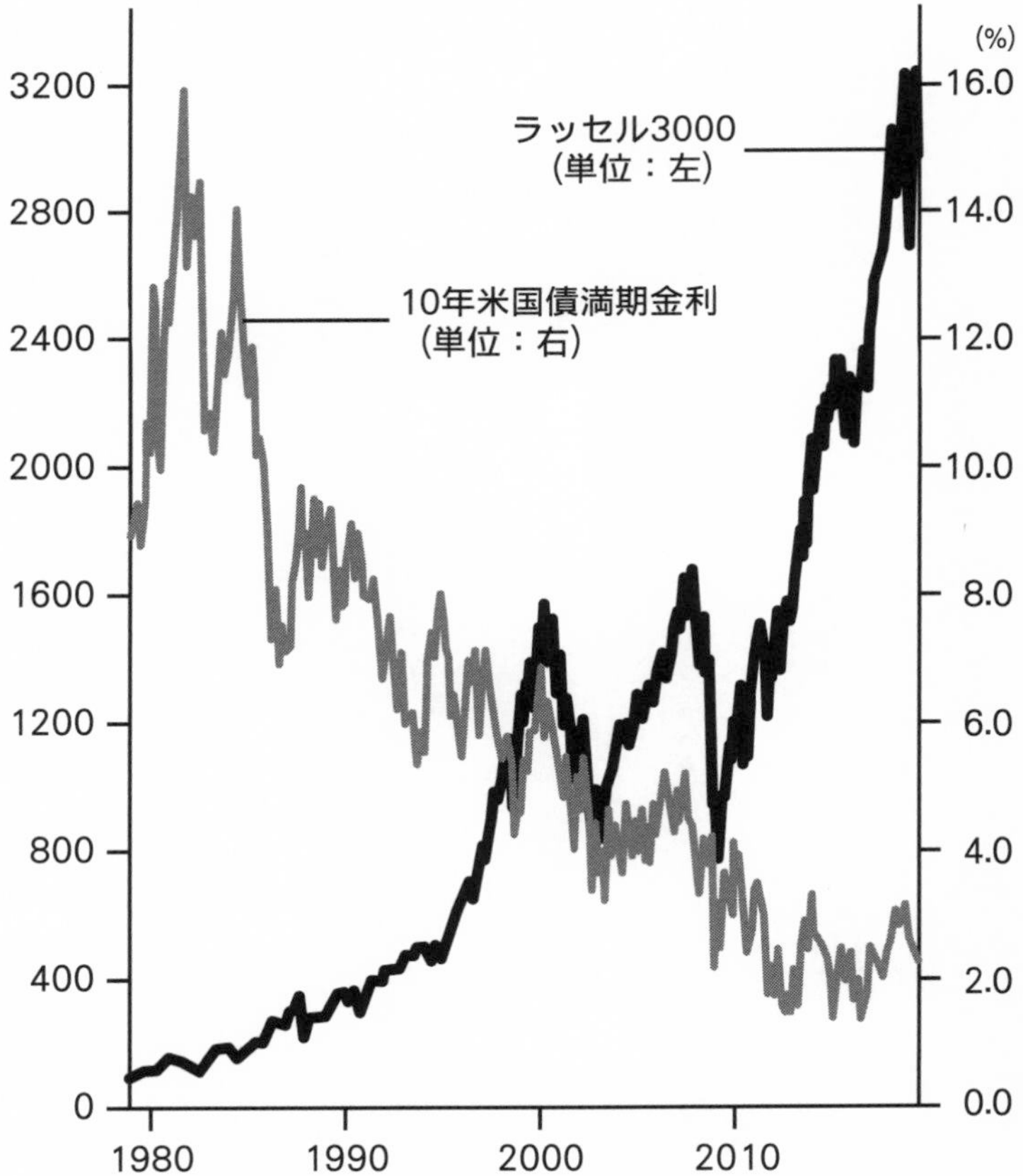

Board of Governors,FTSE Russellのデータを基に作成

年物の米国債の利回りはほぼ一貫して低下している（利回りの低下は債券価格の上昇を意味する）。一方、アメリカの代表的な株価指数は一貫して上昇してきた。このチャートは、アメリカで時価総額の上位三〇〇〇社を加重平均して算出されたラッセル３０００指数だが、ニューヨークダウやＳ＆Ｐ５００も同様に長期的な右肩上がりを演じている。

私とファーバー氏の主張は、この債券と株価の長期上昇トレンドが終わりを迎えるというものだ。しかもファーバー氏は、その際には暴力的な変化が伴うと警告する。ファーバー氏にはドクター・ドゥーム（終末博士）というニックネームが付けられており、「年がら年中、破局を唱えている」と同氏の予想をあざ笑う向きも決して少なくはない。しかし、そんなファーバー氏は過去に確たる実績を残している。

その代表例が、日本経済のバブルを正確に予期したことだ。なんと、日本経済が前例のないバブル状態にあった一九八九年一二月一五日に、「日本株を手仕舞う」と同時に「長期のプット・オプションの買い」（相場が下落した際に利益が出るオプション取引の一種）を推奨したのである（原文：No Joy in the Land of the Rising Sun：Sell Japanese stocks and buy long term puts on the Nikkei Index.）。また、その三年前の一九八七年に起きたブラック・マンデー（暗黒の月曜日）でも事前に株式（この際はアジア株）の売却を顧客に通達していた。

ところで、アメリカの長期金利の過去チャートを分析すると「六〇～七〇年くらいの長期サイクル」が確認できる。一六九ページのチャートをご覧いただきたい。一九〇〇年以降、アメリカの長期金利は一九一八年前後と一九八一～八二年の二度、ピークを打っている。一方の底は、一九四三年前後と「今」だ。時間軸からしても、二〇一六～二〇二四年の間にアメリカの長期金利は大底を打つ可能性が高い。そして、そこから長期上昇トレンドに入るはずだ。

長期金利が上昇する（債券が売られる）ということは、同時にインフレ率が上昇していることを意味する。これはすなわち、アメリカが将来的にインフレ（より正確にはスタグフレーション）に見舞われるということだ。私はそう確信している。これはおおよそのコンセンサスとは正反対の、まさに大どんでん返しの展開と言ってよい。現状、多くの市場関係者はアメリカの将来像として「低インフレ、低金利、ドル安」を思い描いている。しかし、私が予想するのは「高インフレ、高金利、ドル高」というまったく逆の展開だ。

そして、アメリカの株価は中長期的に低迷する。「株はインフレに強いのでは？」と訝《いぶか》しく思うかもしれないが、なぜ次のインフレ時に米国株が低迷するかの根拠については後ほど説明したい。

先に結論から言ってしまうと、過去数十年にわたって通用してきた「とにかく買う」という戦法は、どこかの時点から効力を失う公算が高い。新債券王の異名を持つ米ダブルライン・キャピタルのジェフリー・ガンドラックCIO（最高投資責任者）も、「数十年、株を持てば確実に上昇する」という説に警鐘を鳴らす。

ブルームバーグ（二〇一九年三月一三日付）によると、ガンドラック氏はダブルラインのウェブキャスト（動画配信）で、「三〇年という時間枠で見れば株価はかならず上昇すると言う投資家は、日本の事例に目を向ける必要がある」

米国の長期金利は60〜70年サイクルで大きく動く

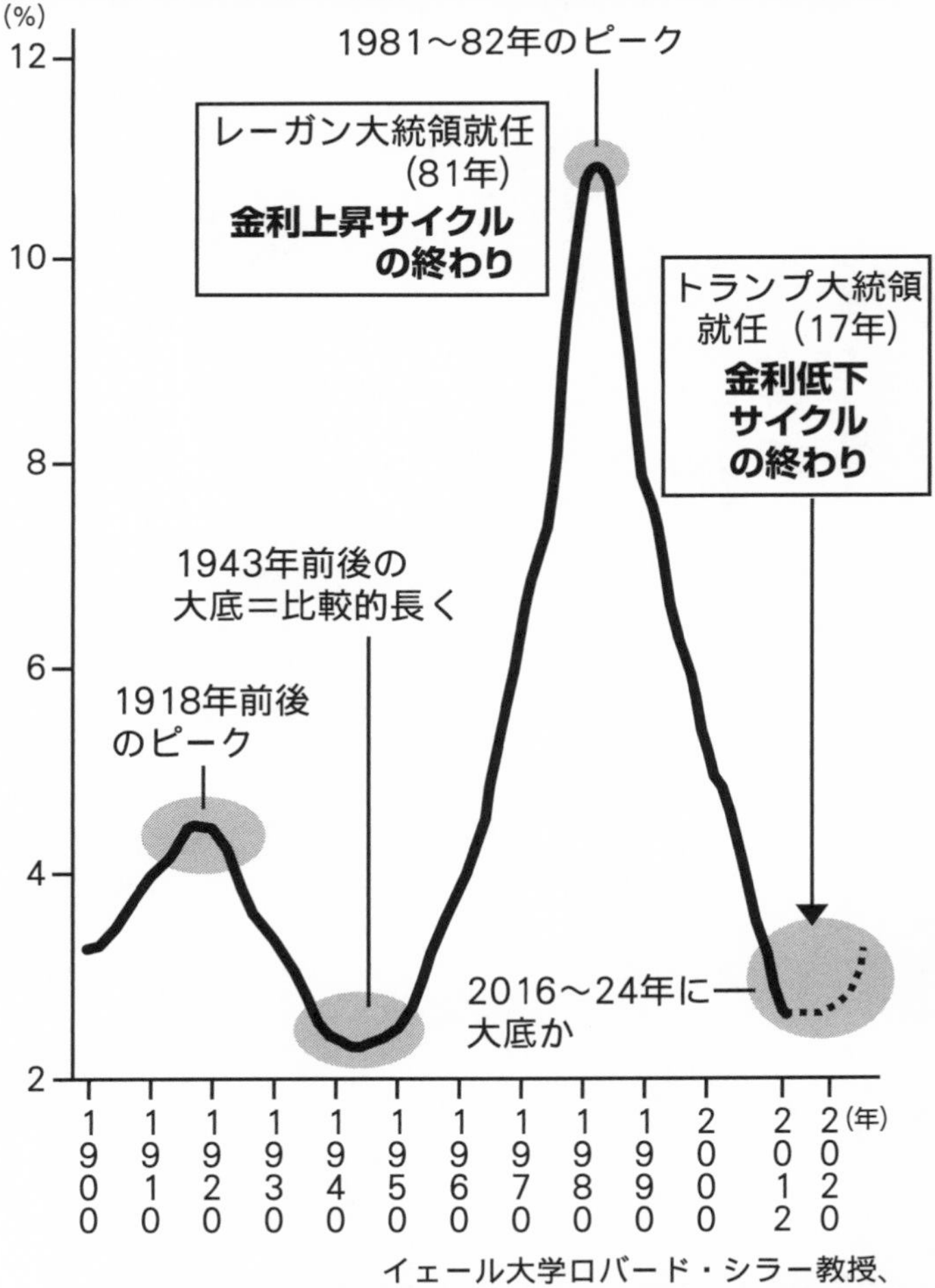

イェール大学ロバート・シラー教授、
三菱ＵＦＪモルガン・スタンレー証券のデータを基に作成

と、いわゆる日本の「失われた二〇年」から教訓を得るよう注意を促した。記事は、日本株の指標であるＴＯＰＩＸは一九九〇年代にバブルが崩壊するまで急伸してきたが、その後三〇年ほどの間に約三〇％下落、好調な欧米の指標とは著しく対照的だと伝えている。一九八九年から記事の配信時までに、ストックス欧州６００指数は約四倍、Ｓ＆Ｐ５００は一〇倍になった。

川上氏が言うように、長期で見ると欧米と日本の株価指数は逆相関関係にあるが、今後の展開としては「欧米が低迷し、日本株が光り輝く」という時代を迎える可能性が高い。要は、「『とにかく買う』という戦法を続けたいなら欧米ではなく日本株でやりなさい」ということだ。このことは、後ほど改めて話そう。

次なる世紀のトレード（取引）は「債券（ボンド）売り」

ところで、なぜインフレの到来を予想するのか。それは、「インフレは常に、そしてどこででも、政治的な現象である」という普遍的かつ歴史の教訓からだ。

ちなみにこのフレーズは、米プリンストン大学で歴史学の教授を務めるホラルド・ジェームズ氏が、ミルトン・フリードマンの残した言葉「インフレは、常に、そしてどこででも貨幣的な現象である」を言い換えたものである。

バンク・オブ・アメリカの試算によると、世界で導入された景気刺激策の総額は二〇二〇年の一年だけで二〇兆ドルを優に上回った。これは、二〇一九年の全世界ＧＤＰ（国内総生産）の二〇％あまりに相当する。まさに前代未聞の規模だが、中でもアメリカのそれは群を抜いておりＧＤＰ比三〇％超というとてつもない規模の支援策を打ち出した。しかも、これらは各国で現在進行形の話である。

フィデリティ投信のマクロストラテジストである重見吉徳氏は、二〇二〇年一二月一一日付の時事通信で「インフレに備える資産運用を」と題した寄稿で、明快なまでにインフレの到来を予期した――「私は『投資家はインフレのリスクを直視すべき』と考えている。言い換えれば、先進国の貨幣価値の下落リスクであり、為替の下落リスクと考えてもよい。米国の債務残高は第二次大戦時の水準に上昇しており、所得格差が広がっている。富裕層への増税がこの二つへの対処の手段だが、富裕層は外に資金を持ち出すなどするため、それは難しい。一方で、社会保障費を含む財政支出を絞れば、格差が拡大するため、政府はその財源を通貨発行に頼る状況が続くためだ。実際、今年も富裕層に負担をお願いすることはなく、貨幣の発行に依存した」。

こうした理由から重見氏は、記事の前日に行なわれたメディア向けブリーフィングで、インフレは必然的と断言。二〇二〇年の株高やゴールドの上昇が、「貨幣からの逃避」というインフレの動きだとし、現在のインフレ率は非常に低いが、ゼロ金利から貨幣発行、そして、債務拡大と来た後は、インフレになるのが歴史の流れだと説明。今後、世界的にインフレが起こると断じている。

二〇二〇年一月一六日付のウォール・ストリート・ジャーナルも政治的な要素がインフレの下地を作りかねないと警鐘を鳴らす――「他国の経験および米国の過去の歴史が示唆するものは、いったん政治家が金融政策の手綱を握れば、その後にはインフレがしばしば到来するということだ。一九六〇年代と一九七

主要中央銀行の資産総額

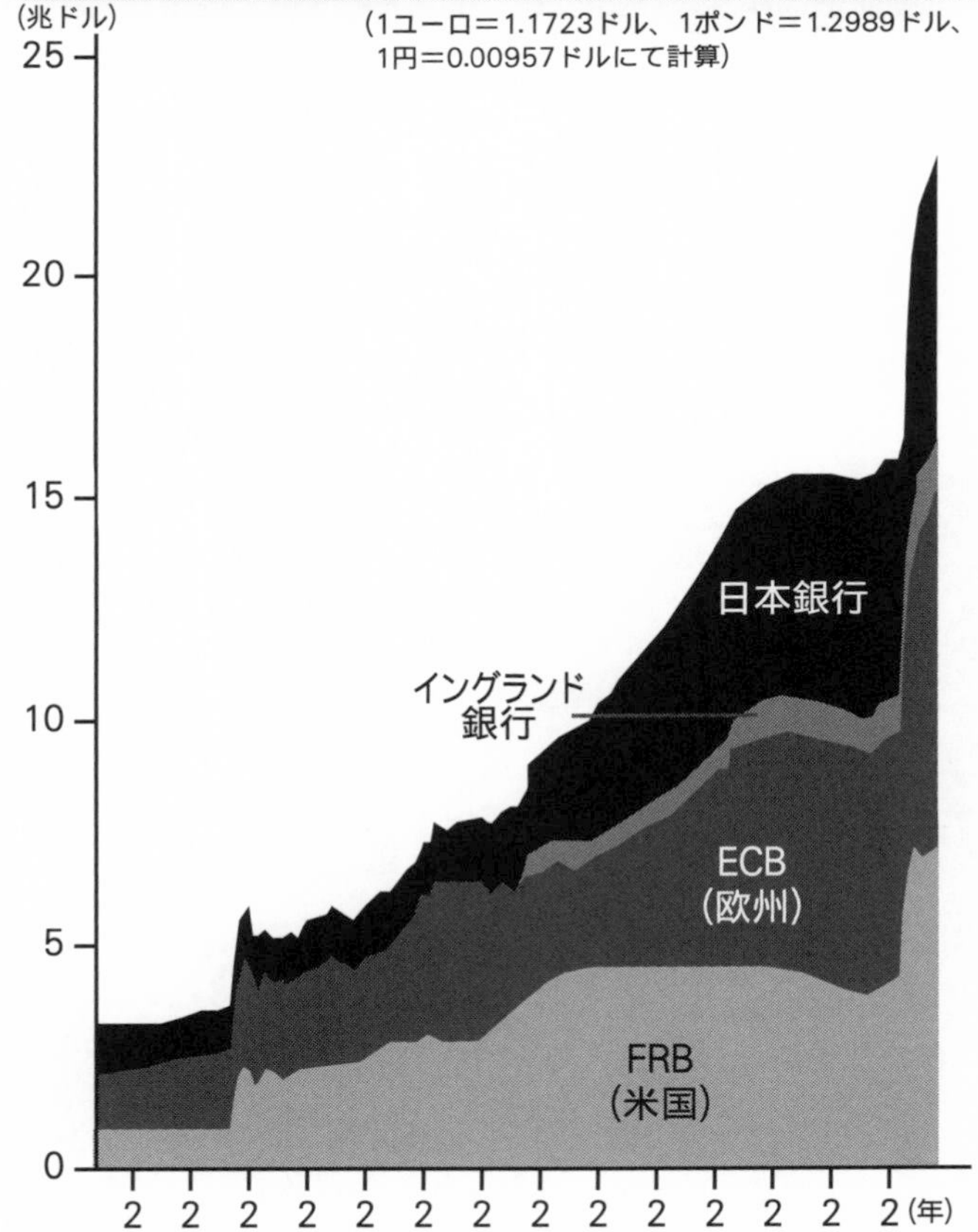

ファクトセットのデータを基に作成

〇年代において、リンドン・ジョンソン大統領とリチャード・ニクソン大統領がFRBに利上げをしないよう圧力をかけ、一九七〇年代のインフレ高進の土台を作ることになった」。

記事が指摘した一九七〇年代のインフレ高進は、今でも悪夢として語り継がれている。インフレと言っても限りなくスタグフレーション（不況下のインフレ）に近く、株価も冴《さ》えなかった。一九七〇年代は、株式にとって「死の時代」と呼ばれている。一般に株はインフレに強いとされるが、スタグフレーションではそうした常識が通用しない可能性が高い。実際、一九七〇年代のスタグフレーションでは株は低迷する一方、金《きん》価格だけが目立って上昇している。

フィナンシャル・タイムズの編集委員マーティン・ウルフ氏も一九七〇年代の再来を警告する一人だ。ウルフ氏は「パンデミック後にインフレが来るかもしれない理由」（二〇二〇年五月二〇日付）と題した記事で、リーマン・ショック以降のインフレ懸念は杞憂に終わったが、今回は先の金融危機と条件が違っている可能性を指摘。その違いとは、今回は現実にマネーサプライ（広義の通貨供給量）が拡大しているという点（前回はマネーサプライがほとんど増えなかった）や、高所得国の多くで財政的によりひっ迫していることを挙げた。中でもイタリアと日本の政府債務の多さを特記し、こう断じている——「筆者は、ほとんど誰も予想していなかった一九七〇年代の急激なインフレ高進を忘れない。これが再び起きる可能性はある」（同前）。

先に、米国の長期金利が一九八一～八二年に前回のピークを打ったと説明したが、今回もFRB（米連邦準備制度理事会）は最終的にインフレ退治のための利上げを余儀なくされる可能性が高い。一六九ページのチャートを見ると、前回の長期金利のピークは一〇％超（一時的には二〇％程度にまで上昇した）であったが、今回はさすがにそこまで高くはならないかもしれない。しかし、四～五％くらいまでの上昇なら十分にあり得る。

長らくジョージ・ソロス氏の右腕として活躍した著名投資家のスタンレー・ドラッケンミラー氏は、二〇二〇年一〇月二七日に開かれたロビンフッド（米国の個人投資家から熱狂的な支持を得る投資アプリ）の会議で（向こう）「四年でインフレ率は四％を上回り、金価格と債券利回りは上昇し、米国の失業率は七％程度になる」（ブルームバーグ二〇二〇年一〇月二八日）との見通しを示した。また、株価に対しては悲観的な見方を示し、「われわれは非常に多くの借入れを行っており、株式が三～五年後になにがしかリターンを生むか私には疑わしい」（同前）と発言している。

全世界のレバレッジの高さ（累積債務の多さ）を勘案すると、インフレ率や長期金利が四～五％に上昇するだけでもまさに大惨事だ。おそらく米国株は、一九七〇年代と同様に死のトレンドに入るだろう。そして「ドル安」という、おおよそのコンセンサスも見事に裏切られるはずだ。

二〇二三年以降、トレンドは大転換する!?

こうした未来図を時間軸で見て行くと、次のようになる。

まず、コロナ禍からの立ち直り局面として二〇二一～二三年前半くらいまで

CPI（消費者物価指数）の変化（1960年代）

（前年同月比、食品・エネルギーを除く）

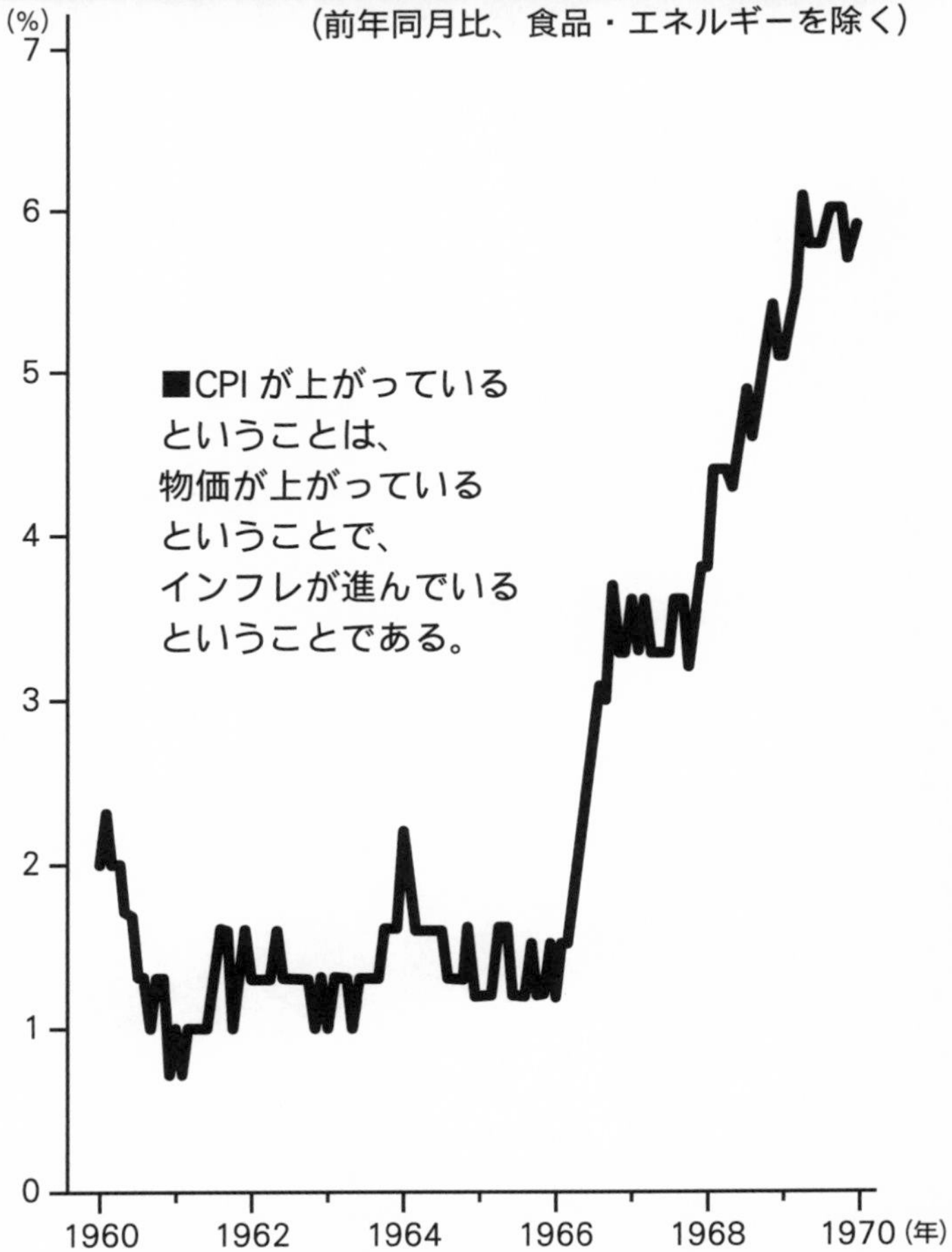
(%)
7
6
5
4
3
2
1
0
■CPIが上がっている
ということは、
物価が上がっている
ということで、
インフレが進んでいる
ということである。
1960
1962
1964
1966
1968
1970
(年)

Labor Departmentのデータを基に作成

はアメリカでも低金利が長引くと予想できるため、それと同時にドル安トレンドも継続しそうだ。それでもドル／円のレンジ（価格帯）は一ドル＝一〇五円から九五円くらいに収まるだろう。詳しい説明は省くが、もはやリーマン・ショックや東日本大震災の時のような超円高を懸念する局面ではない。また、同時期頃までは低金利とドル安の支えによって株高も持続するだろう。

ドル安は、輸入物価の上昇を通じてＣＰＩ（消費者物価指数＝インフレ率）全体をかさ上げさせるはずだ。そして、インフレ率が本格的に高まり始めるであろう二〇二三年くらいにトレンドの大激変が起こる。そして、ここで世紀のトレードが成立する公算が高い。それは、一世一代とも言える「債券売り」だ。

ご存じのように世界は今、空前の債券バブル状態にある。ニュースでは株高ばかりがピックアップされるが、より深刻なバブルとなっているのは債券市場の方だ。正確を期すと、金利低下というトレンドはコロナ禍の前から長らく続いてきたが、コロナショックをきっかけに債券市場はより決定的なバブルと化している。

今後のトレンド予測（アメリカ）

2021～23年

- **ドル安**
（1ドル＝105円～95円くらいか）
- **低金利**
- **株高**

2023年～

トレンドの大激変

上記と逆のトレンドに?

マイナス金利（貸し手が借り手にリターンを払う状態）の出現も含め、債券があまりに高くなりすぎたため（利回りが低下しすぎてほとんどリターンを生まなくなったため）、多くの機関投資家などは債券に投じていた資金の一部を株に振り向けるようになった。こうした動きが、最近の株価高騰の原因の一端を担っている。株だけでなく暗号資産（仮想通貨）やコモディティ（商品）にも資金が移っており、まさに「資産インフレ」の様相だ。

著名投資家のジム・ロジャーズ氏は、債券は明らかなバブルであり、この債券バブルが弾けたらこれまでで最もひどいバブル崩壊となるため、多くの人々が膨大な損失を被るだろうと自身の近著に記した。まさに指摘の通りであろう。

私たちは、二〇二〇年代の主要トレードとして「債券バブル崩壊」に照準を当てている。前章で紹介した「ＫＡＩシステム」などの予測ツールもすべて動員し、さらにはマクロ投資家の「カン」も取り入れ、この債券売りによってかつてないリターンを生み出そうともくろんでいる。

ちなみに、個人投資家が大規模に債券を売ることは難しいため、アメリカなどで上場しているジャンク債ＥＴＦ（上場投資信託）のベア型（債券の価格が下がると利益が出るもの）を保有するのがよい。また、債券バブルの崩壊は確実に株式市場にもおよぶため、株価指数を対象としたベア型ＥＴＦやプット・オプション（原資産となる株価指数が暴落した際に大きな利益が出るデリバティブ）を使ってバブル崩壊に臨むという方法もある。

何はともあれ、極めて高い確率で二〇二〇年代における世紀のトレードは「債券売り」となるはずだ。

ある時突然、インフレに⁉

さて、〝その後の世界〟も予想して行きたい。アメリカの長期金利が趨勢《すうせい》的な上昇トレンドに入れば、それに連られて米ドルも趨勢的な上昇トレンドに突入する。一部には、累積債務の多さからインフレ率が上昇してもＦＲＢは利上げに転じないという見方もあるが、そうした展開は考えにくい。なぜなら、政府債

50年間のチャート

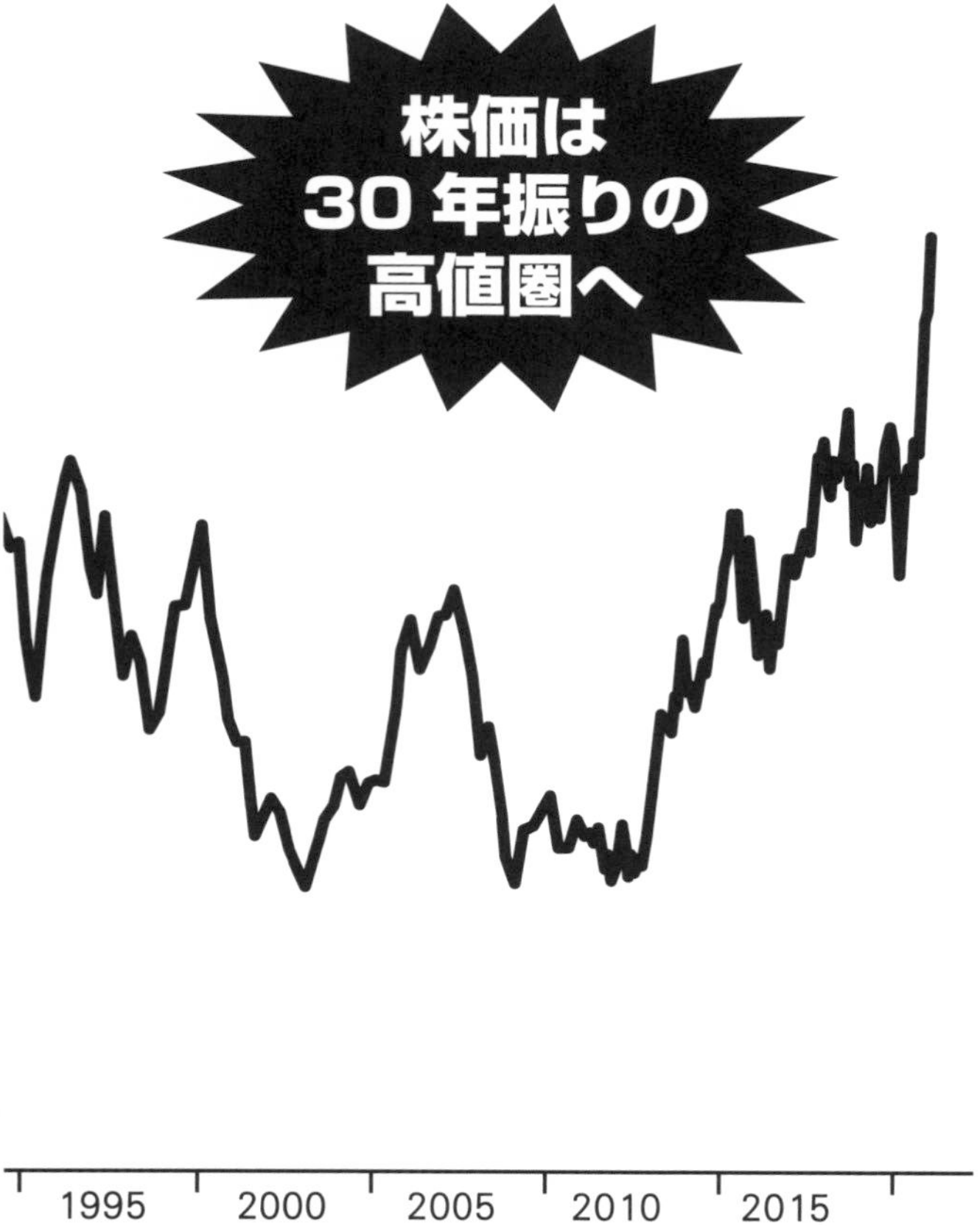

ブルームバーグのデータを基に作成

日経平均株価

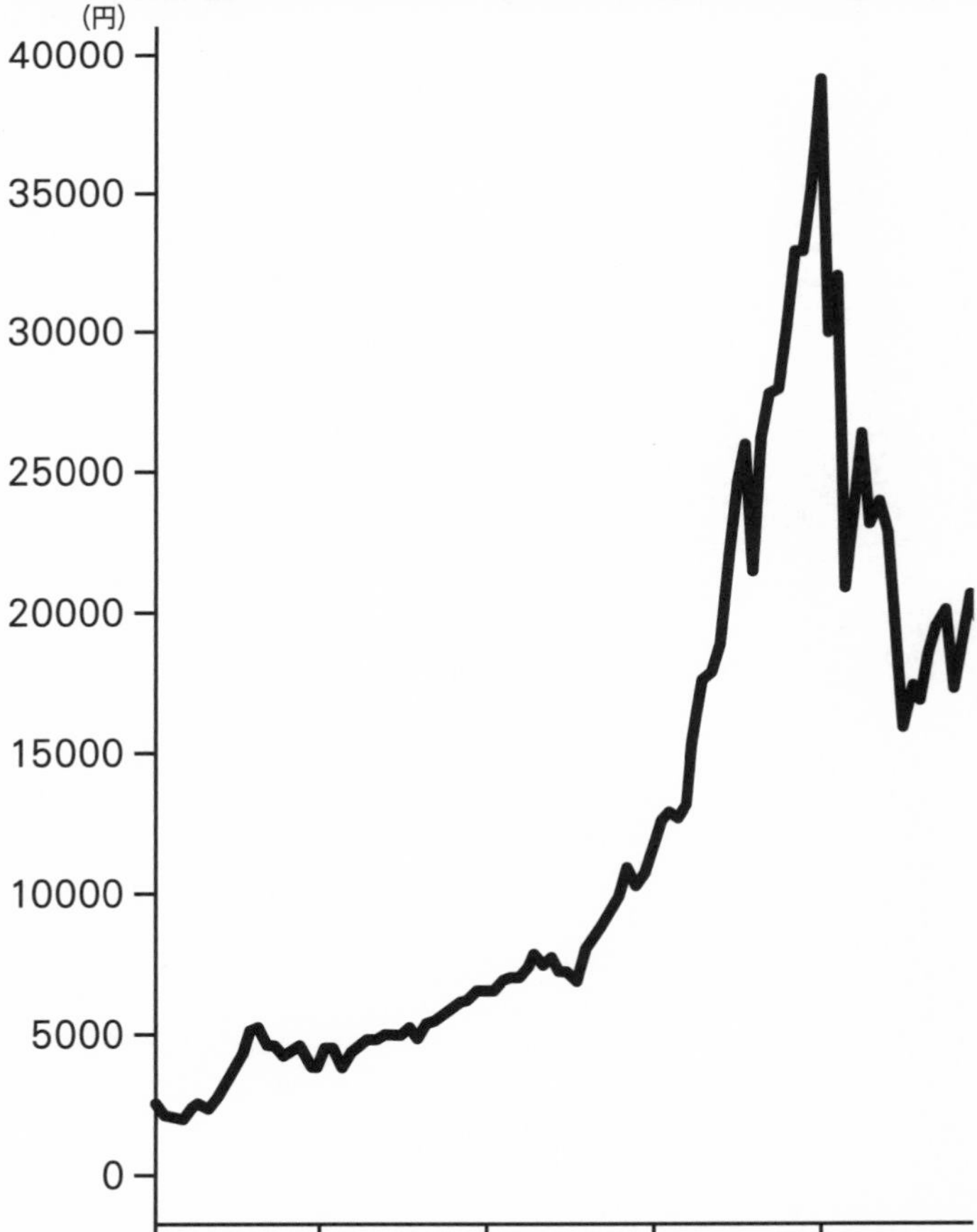
(円)
40000
35000
30000
25000
20000
15000
10000
5000
0
1970
−1974
1975
−1979
1980
−1984
1985
−1989
1990
−1994

務残高が積もりに積もっている状況下でそれをしてしまえば、（実質金利を大幅なマイナス圏に留めてしまえば）ドル安が止まらなくなり、アメリカの最大の特権とも言える「ドル基軸体制」に深刻な影響を与えてしまうからだ。間違いなく、世界中でドル離れが起きる。ドル覇権を失うくらいなら、金利上昇による個人や企業の破綻を甘受してでも米当局はドル高に誘導しようとするはずだ。

こうしてアメリカでは、「高インフレ、高金利、ドル高」が恒常的なトレンドとなる。まさに一九七〇年代の再来と言ってよい。繰り返しになるが、スタグフレーションは株式にとって死の時代となる。昨今の米国株の勢いからするとにわかに信じ難いかもしれないが、米国株の長期スタンスは「買い」ではない。

先に述べたように、過去三〇年間は死の時代にあった日本株にこそむしろ注目すべきだ。長期チャートで見ると、日本株はリーマン・ショックや東日本大震災の時に二度の大底（二番底）を付けており、今後は紆余曲折がありながらも過去最高値を更新して行くことだろう。すなわち、すでに日本株は長期上昇トレンド入りしているのだ。

かつての日本株の体たらくからすると想像すらできないかもしれないが、二〇三〇年に向けて日経平均が六万円くらいの高値を付けることも十分に考えられる。「斜陽の日本経済の株価が上がるはずはなく、引き続き活力のある米国経済に裏打ちされた米国株に優位性がある」と考えるのが至って普通の感覚だ。

しかし、私はそこにこそ大きな落とし穴があると見ている。確かに、日本経済が昔（高度経済成長期）のような姿を取り戻すことはどう考えてもあり得ない。人口動態などを勘案すれば、今後も弱々しい成長に終始するだろう。二〇二〇年代後半くらいからマイナス成長が常態化したって、何ら不思議ではない。そうであるとしても、日本株の長期サイクル、そして長期的な視点に立った日米株の逆相関関係を考慮すれば、二〇二〇年代の大きなトレンドは「米国株の死、日本株に光」となる可能性が高い。

もちろん、注意点もある。それは、日本株の上昇には「悪性インフレ」が伴うかもしれないということだ。

繰り返しになるが、二〇二〇年代のアメリカのトレンドは「高インフレ、高金利、ドル高」が予想される。仮にそうなった場合、日本を含めて他国の金利もアメリカに追随して上昇トレンド入りする。しかし、世界で最も高レバレッジとなっている（言わば債務まみれとなっている）日本経済に、金利上昇への耐性はほとんどない。

ＩＩＦ（国際金融協会）によると、日本の二〇二〇年一～三月期の総債務残高は二八兆二〇〇〇億ドルと、対ＧＤＰ比五六二％超にのぼる。当然ながら、主要国内で最悪だ（それも圧倒的に、である）。コロナ禍でこの数字はさらに膨らんでおり、仮にこうした状況で金利が上昇すれば、それはまさに大惨事である。政府セクターと民間セクターを問わず、破綻が相次ぐだろう。

それだけではない。日銀が保有している莫大な量の日本国債に損失が発生して、日銀は債務超過に陥る。こうなると、日本円の信認低下が避けられない。

結論からすると、日本は利上げによるインフレ退治ができないということだ。そうなると、インフレ率を加味した実質金利が大幅なマイナスとなり、結局のところ円安に歯止めが効かなくなる。当たり前の話だが、為替は金利に大きな影響を受けるので、米ドルに金利が付いて日本円がマイナス金利となれば、どちらが選好されるのか——言うまでもないだろう。

かくして、日本は「円安→輸入物価の上昇→さらなる円安→さらなる輸入物価の上昇」という負のインフレ・スパイラルに突入する可能性が高い。

こうした状況下で、株が確固たるインフレ対策となるかは定かではないが、仮にインフレ率ほどの上昇が期待できなくとも、現金よりははるかによいだろう。そういった点でも、やはり日本株はお薦めだ。

前出フィデリティ投信の重見氏は、インフレ期には「株式や不動産投信（ＲＥＩＴ）等のエクィティを保有することを推奨したい」（時事通信二〇二〇年一二月一一日付）と話す。また、メディア向けのブリーフィングでは、日本では四〇年以上もデフレの時代が続き、インフレの可能性を低く見てしまうが、いつ来てもおかしくないと警告する。そして、短中期的にはリフレーション（インフレ顕在化せず）もしくはディスインフレの期間があるかもしれないとしつつ、長期的には、ある時、突然にインフレになると見通した。

日本は再び激動の時代を迎える

インフレと聞いて、何も絶望することなどない。むしろ、賢者は混乱を逆手に取る。日本にも、そんなたくましい人間が少なからずいた。その一例として、「森ビル」の創始者として名高い森泰吉郎を紹介して本章を終えたい。

戦後、一般的な貸ビル業者から大規模デベロッパーへと大きく飛躍を遂げた森ビルの創始者である泰吉郎は、終戦直後の預金封鎖（新円切換）をある商品への投資で乗り切った。乗り切ったというより、資産を大きく殖やすことに成功している。

明治三七年（一九〇四年）、泰吉郎は東京で生まれた。米屋のかたわら貸家業を営む家庭で育った泰吉郎は、幼少期こそ病弱であったが家が裕福だったこともあり、不自由なく育てられたという。「大家さんとこの坊っちゃん」と周囲から呼ばれた泰吉郎は、父の仕事ぶりを見て大家（後の貸しビル業）の基礎を学んだ。

そんな泰吉郎には、どういうわけか特異な先見性があったという。一九二三年の関東大震災では実家の所有物件がほとんど倒壊してしまったが、当時としては極めて珍しかったコンクリート造（災害に強い）による建て替えを父に進言した。また、ほとんどの日本人がお腹を満たすことに必死になっていた終戦直後、焼け野原となった東京を見渡して「貸ビルの需要が増える」と感じたという。

時を同じくして泰吉郎は、「これからは人絹（レーヨン）相場が儲かる」と予想した。レーヨンは戦前から日本の主力産業であったが、「食糧を輸入するため（外貨を得るため）にレーヨンの輸出が活発になる」（すなわち需要が急増する）と読んだのである。そして泰吉郎は、預金が封鎖されている状況下でレーヨンを買い漁《あさ》った。すると泰吉郎の思惑通りレーヨン相場はほどなく急騰し、元金を何十倍にもさせることに成功する。その資金を元手に泰吉郎は、虎ノ門周辺の土地を底値で買い漁った。

そして、いつしか庶民からこう評されることになったという——「都心近くの東側から千葉に行くのには、必ず森ビルの土地を通らなければならない」と。それほどまでに泰吉郎が土地を買い漁った。

戦後のどさくさをチャンスと捉《とら》えた泰吉郎は、日本の不動産バブルの余韻が残っていた一九九一年と一九九二年、米フォーブス誌の「世界長者番付」で第一位に選出されている。泰吉郎はその翌年に亡くなった（享年八八歳）が、まさに怒涛の〝成り上がり人生〟であった。

向こう一〇年を見渡すと、日本は再び激動の時代を迎えることだろう。その折、株が武器となることは間違いない。インフレ対策となるばかりか、資産を大きく殖やすチャンスでもある。ぜひ、本書を読んでやる気がみなぎったという人は、株に取り組んでいただきたい。また、その際に弊社の情報サービスを積極的に活用していただければ幸いである。私たちは、全力で有益な情報をお届けする構えだ。

エピローグ

嫌われ者を安く買えば儲かる。

（ジム・ロジャーズ）

資産インフレという長期トレンド。勝ち馬に乗れ!!

一九八〇年代のバブルの記憶もあり、日本人の中には株を敬遠する人も多い。「投資行動には生産性がない」とのお叱りを受けることもある。

しかし、時代は「実体経済の長期停滞／資産市場の長期インフレ」というトレンドに突入した可能性が極めて高い。悲しいかな、「持てる者と持たざる者」という二極化の波は、容赦なくここ日本にも襲いかかるだろう。すでに日本も格差社会に突入しているが、それでも欧米に比べればまだマシだ。今後、想像を絶する二極化の波が到来するだろう。

もはや、勝つしかない。とりわけ資産を持たない世代はなんとか勝ち組に入らなければならない。そのためには、確固とした投資ノウハウを持つことが極めて重要になる。その一つとして、本書で解説した「ボロ株」が皆さんの役に立つことを願いたい。

ボロ株も含めた低位株には朗報もある。二〇二一年初頭、ブルームバーグは「日本の小型株が世界の株高の波に乗れていない」と報じた。記事は、米国などではすでに投資家の資金が誰もが知るような大型株（値嵩株）から小型株にシフトしているが、日本の小型株は取り残されているという。日本の小型株が出遅れているということは、裏を返せば絶好のチャンスだ。いずれ日本の小型株にも資金ローテーションの順番が来るという前提に立てば、今こそ仕込み時となる。

もちろん、投資の世界に絶対（一〇〇％）はない。だからこそ、本気で取り組まなければならない。本気で取り組み、確固たる投資ノウハウを身に付けるのだ。そのための一歩として、本書が一助になれば幸いである。

皆さんのご武運をお祈りしたい。

二〇二一年二月吉日

浅井　隆

■今後、『2030年までに日経平均5万円に!』『あなたが知らない恐るべき再生医療』『コロナでついに国家破産』(すべて仮題)を順次出版予定です。ご期待下さい。

浅井隆からの重要なお知らせ

——恐慌および国家破産を勝ち残るための具体的ノウハウ

株で資産を作る時代がやってきた!
二つの株投資クラブのご案内

◆「ボロ株クラブ」

ご存じのように、新型コロナウイルス蔓延による実体経済の落ち込みとは裏腹に、世界中で株高となっております。米国、ドイツ、韓国、台湾、インドなどの株式市場では、二〇二〇年三月のコロナショック以降に史上最高値の更新が相次ぎました。こうした現象は、全世界で二〇兆ドル以上ともされる刺激策に裏打ちされているると言ってよいでしょう。

コロナショック以降の株高により、世界中で前代未聞とも言える個人投資家の株ブームが巻き起こっています。背景には、「将来への不安」「現金からの逃避」（インフレ対策）といった事情があると報じられています。二〇二〇年に世界のM2（現金や預金）は、過去一五〇年で最大の増加を示したという分析がなされています。第二次世界大戦後の刺激策よりも多くのマネーが氾濫していると言ってよいでしょう。

こうした事情により、昨今の株ブームは一過性のものではない（想像しているより長期化する可能性が高い）と第二海援隊グループでは見ています。そこで読者の皆様におかれましても従来の海外ファンドに加えて株でも資産形成をしていただきたく思い、新たに二つの株に特化した情報サービス（会員制クラブ）を創設することになりました。

その一つが、「ボロ株クラブ」です。「ボロ株」とは、主に株価が一〇〇円以下の銘柄を指します。何らかの理由で売り叩かれ、投資家から相手にされなくなった〝わけアリ〟の銘柄もたくさんあり、決して証券会社の営業マンがお薦めすることもありません。しかし、私たちはそこにこそ収益機会があると確信しています。

現在、〝上がっている株〟と聞くと多くの方は成長の著しい米国のＩＣＴ（情報通信技術）関連の銘柄を思い浮かべるのではないでしょうか。事実として、アップルやＦＡＮＧ（フェイスブック、アマゾン、ネットフリックス、グーグル）、さらには大手ＥＶメーカーのテスラといったＩＣＴ銘柄の騰勢は目を見張るほどです。しかし、こうした銘柄はすでに高値になっているとも考えられ、ここから上値を追いかけるにはよほどの〝腕〟が求められることでしょう。

「人の行く裏に道あり花の山」という相場の格言があります。「人はとかく群集心理で動きがちだ。いわゆる付和雷同である。ところが、それでは大きな成功は得られない。むしろ他人とは反対のことをやった方が、うまく行く場合が多い」とこの格言は説いています。

すなわち、私たちはなかば見捨てられた銘柄にこそ大きなチャンスが眠っていると考えています。実際、「ボロ株」はしばしば大化けします。事実として先に開設されている「日米成長株投資クラブ」で情報提供した低位株（「ボロ株」を含む株価五〇〇〇円以下の銘柄）は二〇一九年から二〇二〇年に多くの実績を残しました。

ブルームバーグは二〇二一年初頭に、「日本の小型株が世界の株高の波に乗れていない」と報じています。すでに世界では誰もが知るような大型株（値嵩株）からニッチな小型株に投資家の資金がシフトしていますが、日本の小型株は取り残されているというわけです。日本の小型株が出遅れているということはある意味で絶好のチャンスだと言えます。いずれ日本の小型株にも資金ローテーションの順番がくるという前提に立てば、今こそ仕込み時なわけです。

もちろん、やみくもに「ボロ株」を推奨して行くということではありません。

弊社が懇意にしている「カギ足」アナリスト川上明氏の分析を中心に、さらには同氏が開発した自動売買判断システム「ＫＡＩ―解―」からの情報も取り入れ、短中長期すべてをカバーしたお薦めの取引（銘柄）をご紹介します。

構想から開発までに十数年を要した「ＫＡＩ」には、すでに多くの判断システムが組み込まれていますが、「ボロ株クラブ」ではその中から「Ｔ８」というシステムによる情報を取り入れようと検討しています。Ｔ８の戦略を端的に説明しますと、「ある銘柄が急騰し、その後に反落、そしてさらにその後のリバウンド（反騰）を狙う」となります。

川上氏のより具体的な説明を加えましょう――「ある銘柄が急騰すると、利益確定に押され急落する局面が往々にしてあるが、出遅れ組の押し目が入りやすい。すなわち、急騰から反落の際には一度目の急騰の際に買い逃した投資家の買いが入りやすい」。過去の傾向からしても、およそ七割の確率でさらなるリバウンドが期待できるとのことです。そして、リバウンド相場は早く動くことが多いため、投資効率が良くデイトレーダーなどの個人投資家にとってはうってつけの戦略と言えます。

川上氏は、生え抜きのエンジニアと一緒に一九九〇年～二〇一四年末までのデータを使ってパラメータ（変数）を決定し、二〇一五年一月四日～二〇二〇年五月二〇日までの期間で模擬売買しています。すると、勝率八割以上という成績になりました。一銘柄ごとの平均リターンは約五％強ですが、「ボロ株クラブ」では、「T８」の判断を基に複数の銘柄を取引することで目標年率二〇％以上を目指します。

さらには、「P１」という判断システムを川上氏が開発中です。これは、ある銘柄が「ボロ株」（一〇〇円未満）に転落した際、そこから再び一〇〇円以上に戻る確率が高いであろうという想定に基づき開発しているシステムです。現在は未完成の段階ですが、早い時期のリリースが見込まれます。

これら情報を複合的に活用することで、年率四〇％も可能だと考えています。年会費も第二海援隊グループの会員の方にはそれぞれ割引サービスをご用意しております。

詳しくは、お問い合わせください。また、「ボロ株」の「時価総額や出来高が少ない」という性質上、無制限に会員様を募ることができません。一〇〇名を募集上限（第一次募集）とします。

詳しいお問い合わせ先は㈱第二海援隊「ボロ株クラブ」担当まで。

ＴＥＬ：〇三（三二九一）七二九一　ＦＡＸ：〇三（三二九一）七二九二

Ｅメール：info@nihoninvest.co.jp

◆「㊙（まるひ）株情報クラブ」

「㊙株情報クラブ」は、普通なかなか入手困難な日経平均の大きなトレンド、現物個別銘柄についての特殊な情報を少人数限定の会員制で提供するものです。しかも、「ゴールド」と「シルバー」の二つの会があります。目標は、提供した情報の八割が予想通りの結果を生み、会員様の資産が中長期的に大きく殖えることです。そのために、日経平均については著名な「カギ足」アナリストの川上明氏が開発した「Ｔ１システム」による情報提供を行ないます。川上氏はこれまでも多くの日経平均の大転換を当てていますので、これからも当クラブに入会された方の大きな力になると思います。

また、その他の現物株（個別銘柄）については短期と中長期の二種類に分けて情報提供を行ないたいと思います。短期については川上明氏開発の「T14」「T16」という二つのシステムにより日本の上場銘柄をすべて追跡・監視し、特殊な買いサインが出ると即買いの情報を提供いたします。そして、買った値段から一〇%上昇したら即売却していただき、利益を確定します。この「T14」「T16」は、これまでのところ当たった実績が九八%という驚異的なものとなっております。

さらに中長期的銘柄としては、浅井の特殊な人脈数人および第二海援隊の一〇〇%子会社である㈱日本インベストメント・リサーチの専任スタッフが選び抜いた日・米・中三ヵ国の成長銘柄を情報提供いたします。特に、スイス在住の市場分析・研究家、吉田耕太郎氏の銘柄選びには定評があります。ここに、吉田氏が選んだ三つの過去の銘柄の実績を上げておきたいと思います。

まず一番目は、二〇一三年に推奨した「フェイスブック」。当時二七ドルでしたが、それが最近二六七ドルになっています。つまり、七～八年で一〇倍というすさまじい成績を残しています。二番目の銘柄としては、「エヌビディア」です。こちらは二〇一七年、一〇〇ドルの時に推奨し、現在五〇〇ドル超となっていますので、四年で五倍以上です。さらに三番目の銘柄の「アマゾン」ですが、二〇一六年、七〇〇ドルの時に推奨し、現在三二〇〇ドル超です。こちらは五年で四・五倍です。こういった銘柄を中長期的に持つということは、皆さんの財産形成において大きく資産を殖やせるものと思われます。

そこで、「ゴールド」と「シルバー」の違いを説明いたしますと、「ゴールド」は小さな銘柄も含めて年四～八銘柄を皆さんに推奨したいと考えております。これはあくまでも目標で年平均なので、多い年と少ない年があるのはご了承ください。「シルバー」に関しては、小さな銘柄（売買が少なかったり、上場されてはいるが出来高が非常に少ないだけではなく時価総額も少なくてちょっとしたお金でも株価が大きく動く銘柄）は情報提供をいたしません。これは、情報提供をするとそれだけで上がる危険性があるためです（「ゴールド」は人数が少ないので小さな銘柄も情報提供いたします）。そのため、「シルバー」の推奨銘柄は年三〜六銘柄と少なくなっております。

「ゴールド」はまさに少人数限定二〇名のみ、「シルバー」も六〇名限定となっております。「シルバー」は二次募集をする可能性もあります。

クラブの開始時期ですが、すでに情報提供候補の銘柄がいくつかございますので、数名集まり次第即時スタートと考えております。

なお、二〇二一年五月二九日に無料説明会（「ボロ株クラブ」「㊙株情報クラブ」合同）を第二海援隊隣接セミナールームにて開催いたします。ぜひご出席ください。出席できない方にはＣＤを二〇〇〇円（送料込み）にてお送りしますのでお問い合わせください。

皆さんの資産を大きく殖やすという目的のこの二つのクラブは、皆さんに大変有益な情報提供ができると確信しております。奮ってご参加ください。

詳しいお問い合わせ先は㈱第二海援隊「㊙株情報クラブ」担当まで。

TEL：〇三（三二九一）七二九一　FAX：〇三（三二九一）七二九二
Eメール：info@nihoninvest.co.jp

◆「ボロ株クラブ」＋「㊙株情報クラブ」無料合同説明会

「ボロ株クラブ」「㊙株情報クラブ」に興味をお持ちの方や、どちらのクラブが自分に合っているのか迷っていて各クラブについて詳しく知りたい方を対象として『「ボロ株クラブ」＋「㊙株情報クラブ」無料合同説明会』を開催いたします。（内容：ボロ株クラブ、㊙株情報クラブの詳細。インフレ対策の重要性。なぜ株で資産形成が必要なのか。川上明氏による「ＫＡＩ－解－」システムのご紹介）必ずご予約の上、ご来場ください。詳しいお問い合わせ先は、㈱第二海援隊まで。

日時：二〇二一年五月二九日（土）一三時より
場所：第二海援隊隣接セミナールームにて
定員：八〇名（予約制。ただし、新型コロナウイルス感染症対策のため緊急事態宣言が発出されていた場合には半数の四〇名となる場合もあります)。

詳しいお問い合わせ先は㈱第二海援隊「ボロ株クラブ」「㊙株情報クラブ」担当まで。

TEL:〇三(三二九一)七二九一　FAX:〇三(三二九一)七二九二

Eメール:info@nihoninvest.co.jp

厳しい時代を賢く生き残るために必要な情報収集手段

私が以前から警告していた通り、今や世界は歴史上最大最悪の二京七〇〇〇兆円という額の借金を抱え、それが新型コロナウイルスをきっかけとして二、三年以内に大逆回転しそうな情勢です。中でも日本国政府の借金は先進国中最悪で、この国はいつ破産してもおかしくない状況です。そんな中、あなたと家族の生活を守るためには、二つの情報収集が欠かせません。

一つは「国内外の経済情勢」に関する情報収集、もう一つは国家破産対策としての「海外ファンド」や「海外の銀行口座」に関する情報収集です。これらについては、新聞やテレビなどのメディアやインターネットでの情報収集だけでは十分とは言えません。私はかつて新聞社に勤務し、以前はテレビに出演をしたこともありますが、その経験から言えることは「新聞は参考情報。テレビはあくまでショー（エンターテインメント）」だということです。インターネットも含め、誰もが簡単に入手できる情報でこれからの激動の時代を生き残って行くことはできません。

皆さんにとって、最も大切なこの二つの情報収集には、第二海援隊グループ（代表：浅井隆）が提供する特殊な情報と具体的なノウハウをぜひご活用下さい。

◆〝恐慌および国家破産対策〟の入口
「経済トレンドレポート」

電子版も好評配信中！

皆さんに特にお薦めしたいのが、浅井隆が取材した特殊な情報をいち早くお届けする「経済トレンドレポート」です。今まで、数多くの経済予測を的中させてきました（例：二〇一九年七月一〇日号「恐慌警報第1弾！　次にやってくる危機は、リーマン・ショック以上の大災害の可能性」、二〇二〇年二月二〇日号「恐慌警報第8弾！　やはり2020年はとんでもない年になる!?」）。

そうした特別な経済情報を年三三回（一〇日に一回）発行のレポートでお届けします。初心者や経済情報に慣れていない方にも読みやすい内容で、新聞やインターネットに先立つ情報や、大手マスコミとは異なる切り口からまとめた情報を掲載しています。

さらにその中で、恐慌、国家破産に関する『特別緊急警告』『恐慌警報』『国家破産警報』も流しております。「激動の二一世紀を生き残るために対策をしなければならないことは理解したが、何から手を付ければよいかわからない」「経済情報をタイムリーに得たいが、難しい内容にはついて行けない」という方は、最低でもこの経済トレンドレポートをご購読下さい。年間、約三万円で生き残るための情報を得られます。また、経済トレンドレポートの会員になられますと、当社主催の講演会など様々な割引・特典を受けられます。

経済トレンドレポート
浅井情報ネットワーク

緊急！コロナ恐慌 大胆予測

パニックの後は、暗く長いトンネル

いよいよ日本でも新型コロナウイルスによる医療崩壊が起きるかもしれない。病床数のひっぱく具合を見れば、早ければ4月20日の週に始まる可能性があり、もしかするとこのレポートが届くころには始まってしまっているかもしれない。人出が8割減ったとされているが、一気に感染者を減らすには不十分であり、どこかの時点で1ヵ月以上医療崩壊状態に陥る危険性が極めて大きくなっている。急ピッチで病床数を増やそうとしているが、増やしたところでそもそも医療従事者が足りないかもしれず、とくに集中治療室の不足が懸念される。局所的な崩壊は避けられないか、もしくはすでに発生している可能性が高い。指数関数で増える新型ウイルスの恐ろしさは、母数がある程度の大きさになるとたったの数日で制御不能に陥ることだ。今後は新型コロナウイルスに感染して重症化してもすぐに入院できないかもしれず、健康に不安がある方は可能な限り外出を控えることを強く推奨する。

もう、日本も力を合わせて都市封鎖さながらの劇的な措置を最低でも1ヵ月半は続けて拡大を一度リセットしなければ感染は止まらず、逆に経済を悪化させてしまう状態だ。強制力のある法律がなくとも、国が全てを補償し、総理が全ての国民に向けて演説を行ない断行するべきである。しかし、実現性は極めて低い。コロナ危機は全ての国のお国柄や能力をまざまざと露見させることになったが、今の国情もまさに現代日本の病状そのものであり、足りないのはマスクではなく決断力である。アベノリスクと揶揄されても仕方ない。

すでにパンデミックに突入した新型コロナウイルスは、いずれの国においてももはや撲滅は不可能であるが、ワクチンの開発と大量生産は早くて1年半、集団免疫を獲得するまでには2年半はかかる。一方、感染爆発＝医療崩壊を防ぐための極端な行動制限は、長く続けると経済が壊れてしまうので連続2ヵ月くらいが限界であり、すでに世界経済は大恐慌に匹敵する停滞に追い込まれている。つまり、およそ

2020年4月20日号

経済トレンドレポート
浅井情報ネットワーク

第1弾！

恐慌警報 次にやってくる危機は、リーマン・ショック以上の大災害の可能性

■リーマン・ショック級のすさまじい金融危機が迫っているため、今後当レポートにおいて順次「警報」を発令するので、万全に対処していただきたい。これはその「第1弾」である■

1〜3年以内に「世界的金融恐慌」が到来し、私たちの預貯金が多大な被害を受ける可能性が出てきた。世界の全ての銀行の総元締めである国際決済銀行（スイス・バーゼル）通称BISの元チーフ・エコノミスト、ウィリアム・ホワイト氏――彼はリーマン・ショックを事前に当てていた数少ない専門家の一人――が最近、とんでもない予言を発し始めた。「現在の状況はリーマン直前の2007年より深刻である。世界中に巨大な債務不履行の波が押し寄せるだろう。世界の金融システムが大変不安定な状況となっており、世界は"大審破綻"に直面することだろう!!」

そうなった場合、欧米ゾンビ企業向けローンを元に作られた合成派生商品"CLO"を大量購入し、400兆円以上を海外に投融資している邦銀は、危機的というより致命的状況に直面することだろう。その点について最近、米ボストン連銀総裁のローゼングレン氏は「邦銀の大量のCLO保有は将来大変なリスクを生むかもしれない」と警告を発している。というわけで、次にやってくる危機の規模は、邦銀にとってリーマン・ショックの10倍以上となるかもしれない。その時、あなたの預貯金は重大なリスクにさらされる。最悪、戻ってこないかもしれない。

いよいよ真剣な情報収集と不測の事態に備えた万全の準備をすべき時期に来た。

2019年7月10日号

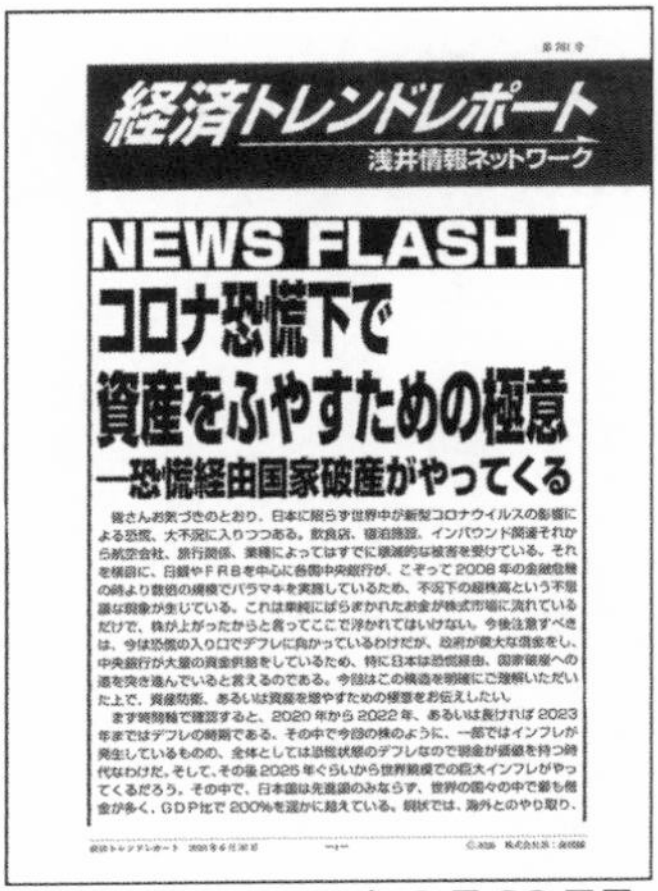

経済トレンドレポート
浅井情報ネットワーク

NEWS FLASH 1 コロナ恐慌下で資産をふやすための極意 ―恐慌経由国家破産がやってくる

皆さんお気づきのとおり、日本に限らず世界中が新型コロナウイルスの影響による恐慌、大不況に入りつつある。飲食店、宿泊施設、インバウンド関連それから航空会社、旅行関係、業種によってはすでに壊滅的な被害を受けている。それを横目に、日銀やFRBを中心に各国中央銀行が、こぞって2008年の金融危機の時より数倍の規模でバラマキを実施しているため、不況下の超株高という不思議な現象が生じている。これは単純にばらまかれたお金が株式市場に流れているだけで、株が上がったからと言ってここで浮かれてはいけない。今後注意すべきは、今は恐慌の入り口でデフレに向かっているわけだが、政府が膨大な借金をし、中央銀行が大量の資金供給をしているため、特に日本は恐慌経由、国家破産への道を突き進んでいると言えるのである。今回はこの構造を明確にご理解いただいた上で、資産防衛、あるいは資産を増やすための極意をお伝えしたい。

まず時間軸で確認すると、2020年から2022年、あるいは長ければ2023年まではデフレの時期である。その中で今回の株のように、一部ではインフレが発生しているものの、全体としては恐慌状態のデフレなので現金が価値を持つ時代なわけだ。そして、その後2025年ぐらいから世界規模での超大インフレがやってくるだろう。その中で、日本国は先進国のみならず、世界の国々の中で最も借金が多く、GDP比で200%を遥かに超えている。現状では、海外とのやり取り、

2020年6月20日号

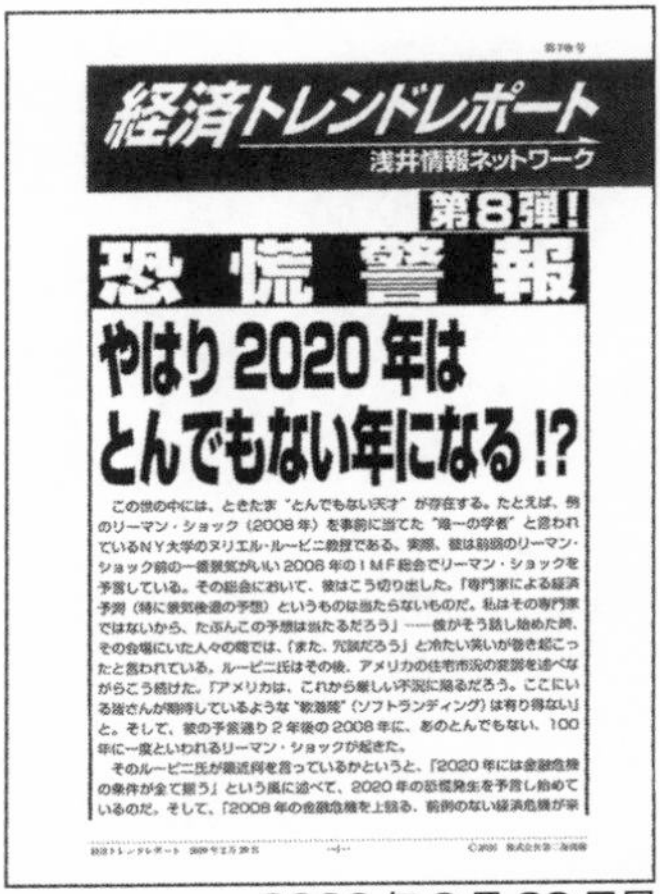

経済トレンドレポート
浅井情報ネットワーク

第8弾！

恐慌警報 やはり2020年はとんでもない年になる!?

この世の中には、ときたま"とんでもない天才"が存在する。たとえば、例のリーマン・ショック（2008年）を事前に当てた"唯一の学者"と言われているNY大学のヌリエル・ルービニ教授である。実際、彼は前回のリーマン・ショック前の一番景気がいい2006年のIMF総会でリーマン・ショックを予言している。その総会において、彼はこう切り出した。「専門家による経済予測（特に景気後退の予想）というものは当たらないものだ。私はその専門家ではないから、たぶんこの予想は当たるだろう」――彼がそう話し始めた時、その会場にいた人々の間では、「また、冗談だろう」と冷たい笑いが巻き起こったと言われている。ルービニ氏はその後、アメリカの住宅市況の実態を述べながらこう続けた。「アメリカは、これから厳しい不況に陥るだろう。ここにいる皆さんが期待しているような"軟着陸"（ソフトランディング）は有り得ない」と。そして、彼の予言通り2年後の2008年に、あのとんでもない、100年に一度といわれるリーマン・ショックが起きた。

そのルービニ氏が最近何を言っているかというと、「2020年には金融危機の条件が全て揃う」という風に述べて、2020年の恐慌発生を予言し始めているのだ。そして、「2008年の金融危機を上回る、前例のない経済危機が来

2020年2月20日号

今回のコロナ恐慌を当てていた、非常に価値のあるレポート。
これだけは最低限お読みいただきたい。

詳しいお問い合わせ先は、㈱第二海援隊まで。

■第二海援隊連絡先

TEL：〇三（三二九一）六一〇六　FAX：〇三（三二九一）六九〇〇

Eメール：info@dainikaientai.co.jp

ホームページアドレス：http://www.dainikaientai.co.jp/

◆浅井隆のナマの声が聞ける講演会

著者・浅井隆の講演会を開催いたします。二〇二一年は名古屋・四月九日（金）、大阪・四月二三日（金）、東京・五月一四日（金）、札幌・六月四日（金）を予定しております。経済の最新情報をお伝えすると共に、生き残りの具体的な対策を詳しく、わかりやすく解説いたします。

活字では伝えることのできない肉声による貴重な情報にご期待下さい。

詳しいお問い合わせ先は、㈱第二海援隊まで。

■第二海援隊連絡先

ＴＥＬ：〇三（三二九一）六一〇六　ＦＡＸ：〇三（三二九一）六九〇〇
Ｅメール：info@dainikaientai.co.jp

第二海援隊
ＨＰはこちら

〈参考文献〉

【新聞・通信社】

『日本経済新聞』『朝日新聞』『ブルームバーグ』『ロイター』
『フィナンシャル・タイムズ』

【書籍】

『デイトレード』（オリバー・ベレス、グレッグ・カプラ著　日経 BP 社）
『板読みデイトレード術』（けむ著　パンローリング）
『ワイド版世界の大思想 2-4 学問の進歩 / ノヴム・オルガヌム』（ベーコン著　河出書房新社）

【その他】

『日米成長株クラブ』

【ホームページ】

フリー百科事典『ウィキペディア』
『総務省統計局』『ＪＰＸ日本取引所グループ』『東京商工リサーチ』
『大和総研』『野村総合研究所』『株式会社リアルエステート』『日本生命』
『幻冬舎 GOLD ONILNE』『東洋経済オンライン』『マイナビ転職』『note』
『プレジデントオンライン』『THE GLOOM BOOM & DOOM』
『ウォール・ストリートジャーナル　日本語電子版』『STUDY HACKER』
『ニューズウィーク　日本語電子版』『デジタル大辞泉』『ITmedia』
『太田浩司の会計・ファイナンスホームページ』

この本は、経済情報収集および投資判断の参考となる情報提供を目的としたもので、投資勧誘を目的として作成したものではありません。経済予測、および投資の最終決定はご自身の判断でなさいますようお願いいたします。

〈著者略歴〉

浅井　隆　（あさい　たかし）

経済ジャーナリスト。1954年東京都生まれ。学生時代から経済・社会問題に強い関心を持ち、早稲田大学政治経済学部在学中に環境問題研究会などを主宰。一方で学習塾の経営を手がけ学生ビジネスとして成功を収めるが、思うところあり、一転、海外放浪の旅に出る。帰国後、同校を中退し毎日新聞社に入社。写真記者として世界を股にかける過酷な勤務をこなす傍ら、経済の猛勉強に励みつつ独自の取材、執筆活動を展開する。現代日本の問題点、矛盾点に鋭いメスを入れる斬新な切り口は多数の月刊誌などで高い評価を受け、特に1990年東京株式市場暴落のナゾに迫る取材では一大センセーションを巻き起こす。
その後、バブル崩壊後の超円高や平成不況の長期化、金融機関の破綻など数々の経済予測を的中させてベストセラーを多発し、1994年に独立。1996年、従来にないまったく新しい形態の21世紀型情報商社「第二海援隊」を設立し、以後約20年、その経営に携わる一方、精力的に執筆・講演活動を続ける。2005年7月、日本を改革・再生するための日本初の会社である「再生日本21」を立ち上げた。主な著書:『大不況サバイバル読本』『日本発、世界大恐慌！』（徳間書店）『95年の衝撃』（総合法令出版）『勝ち組の経済学』（小学館文庫）『次にくる波』（PHP研究所）『Human Destiny』（『9・11と金融危機はなぜ起きたか!?〈上〉〈下〉』英訳）『いよいよ政府があなたの財産を奪いにやってくる!?』『預金封鎖、財産税、そして10倍のインフレ!!〈上〉〈下〉』『世界中の大富豪はなぜＮＺに殺到するのか!?〈上〉〈下〉』『円が紙キレになる前に金を買え！』『元号が変わると恐慌と戦争がやってくる!?』『有事資産防衛　金か？　ダイヤか？』『第2のバフェットか、ソロスになろう!!』『浅井隆の大予言〈上〉〈下〉』『2020年世界大恐慌』『北朝鮮投資大もうけマニュアル』『この国は95%の確率で破綻する!!』『徴兵・核武装論〈上〉〈下〉』『100万円を6ヵ月で2億円にする方法！』『最後のバブルそして金融崩壊』『恐慌と国家破産を大チャンスに変える！』『国家破産ベネズエラ突撃取材』『都銀、ゆうちょ、農林中金まで危ない!?』『10万円を10年で10億円にする方法』『私の金が売れない！』『株大暴落、恐慌目前！』『2020年の衝撃』『デイトレ・ポンちゃん』『新型肺炎発世界大不況』『恐慌からあなたの預金を守れ!!』『世界同時破産！』『コロナ大不況生き残りマニュアル』『コロナ恐慌で財産を10倍にする秘策』『巨大インフレと国家破産』『年金ゼロでやる老後設計』『もはや日本には創造的破壊（ガラガラポン）しかない!!』（第二海援隊）など多数。

川上　明（かわかみ　あきら）

1965年生まれ。早稲田大学理工学部卒業。大学では機械工学を専攻。卒業後、損害保険会社株式部門にて先物やデリバティブを使って会社の資金運用を担当。11年後、学生時代から興味を持ち研究を続けていた「カギ足チャート」を使っての市場分析で独立。経済のトレンド分析から投資銘柄の選定まで、その読みには定評がある。

関　和馬（せき　かずま）

1984年生まれ。2010年第二海援隊に入社、その後経済について独学で勉強し、今やレポート執筆、講演会、勉強会講師を務めるほどの知識と情報量を誇る。専門は米中関係と21世紀の経済トレンド。欧米の著名投資家やファンドマネージャーの発言を常時モニターする。

ボロ株投資で年率40％も夢じゃない!!

2021年3月22日　初刷発行

著　者　浅井　隆＋川上　明＋関　和馬
発行者　浅井　隆
発行所　株式会社　第二海援隊
〒101-0062
東京都千代田区神田駿河台２-５-１　住友不動産御茶ノ水ファーストビル８Ｆ
電話番号　03-3291-1821　　ＦＡＸ番号　03-3291-1820

印刷・製本／中央精版印刷株式会社

ISBN978-4-86335-213-1

Printed in Japan

第二海援隊発足にあたって

日本は今、重大な転換期にさしかかっています。にもかかわらず、私たちはこの極東の島国の上で独りよがりのパラダイムにどっぷり浸かって、まだ太平の世を謳歌しています。

しかし、世界はもう動き始めています。その意味で、現在の日本はあまりにも「幕末」に似ているのです。ただ、今の日本人には幕末の日本人と比べて、決定的に欠けているものがあります。それこそ、志と理念です。現在の日本は世界一の債権大国(=金持ち国家)に登り詰めはしましたが、人間の志と資質という点では、貧弱な国家になりはててしまいました。それこそが、最大の危機といえるかもしれません。

そこで私は「二十一世紀の海援隊」の必要性を是非提唱したいのです。今日本に必要なのは、技術でも資本でもありません。志をもって大変革を遂げることのできる人物と、それを支える情報です。まさに、情報こそ〝力〟なのです。そこで私は本物の情報を発信するための「総合情報商社」および「出版社」こそ、今の日本に最も必要と気付き、自らそれを興そうと決心したのです。

しかし、私一人の力では微力です。是非皆様の力をお貸しいただき、二十一世紀の日本のために少しでも前進できますようご支援、ご協力をお願い申し上げる次第です。

浅井　隆